Die Krone der Schöpfung

Lola Randl

DIE KRONE DER SCHÖPFUNG

Matthes & Seitz Berlin

DU sihst / wohin du sihst nur eitelkeit auff erden.
Was diser heute bawt / reist jener morgen ein:
Wo itzund Städte stehn / wird eine Wisen sein
Auff der ein Schäffers Kind wird spilen
mitt den Heerden.

Andreas Gryphius aus: Es ist alles Eitel *(1637)*

PROLOG

Wenn Sie das hier lesen, wird das Gröbste schon vorbei sein. Vielleicht wird es aber auch erst noch kommen. In Wirklichkeit haben wir überhaupt keine Ahnung, was das Gröbste gewesen sein wird, und möglicherweise werden wir es auch nie wissen. Die Auswirkungen, die das Ganze haben wird, werden später noch ganz andere Auswirkungen haben, von denen selbst Sie jetzt, wo Sie das lesen und schon viel mehr Ahnung haben als ich, wo ich das schreibe, nichts ahnen können. Manches wird so sein, wie wir es befürchteten, anderes ganz anders und manches wird auf wundersame Weise genau so gekommen sein, wie wir es uns immer gewünscht haben.

Die Erzählerin möchte die Gelegenheit nutzen, um darauf hinzuweisen, dass alles, was Sie im Folgenden lesen werden, von ihr, also der Erzählerin, gehört, gelesen, erlebt oder ausgedacht worden ist. Auf stichfeste Quellenangaben wird nach reiflicher Überlegung verzichtet, da aufgrund der Komplexität der Lage eine streng wissenschaftliche Herangehensweise nicht angemessen erscheint. So musste sich erst alles im Kopf der Erzählerin zu einem großen Ganzen vermischen, bevor sie dann, mit viel Feingefühl und ganz auf sich allein gestellt, ein klares Bild der Lage sponn. Es ist vielleicht außerdem der richtige Moment, darauf hinzuweisen, dass alles sowohl wahr als auch frei erfunden ist.

VIREN

Der oder das Virus kommt aus dem Lateinischen und bedeutet Schleim oder Saft oder Schlangengift. Man kann *der* Virus sagen oder *das* Virus, beides ist richtig und miteinander kombinierbar. Ein Virus ist eine infektiöse Struktur ohne eigenen Stoffwechsel, die sich nur über eine Wirtszelle vermehren kann. Die Wirtszelle betreibt dann den Stoffwechsel des Virus. Die Stoffwechselendprodukte, also der Kot, rufen mitunter Infektionen beim Wirt hervor. Anhand der Charakteristika und Symptome der Infektion erhält der Virologe oder Arzt erste Anhaltspunkte, um was für eine Art Virus es sich handeln könnte. Viele Viren sind bereits erforscht und gegen die Infektionen, die sie hervorrufen, sind Impfstoffe oder Medikamente gefunden, andere sind unerforscht und die allermeisten sind noch gar nicht in Erscheinung getreten. Viren verändern sich durch Mutation ständig weiter und deshalb wird es, solange es Viren gibt, auch immer wieder neue Viren geben. Ob der Mensch irgendwann einmal keine Angst mehr vor ihnen haben muss, ist ungewiss.

Viren haben alle Zeit der Welt. Sie können Pflanzen, Pilze, Tiere und Menschen befallen. Sie sind lediglich Träger ihrer Erbinformation und benötigen stets einen fremden Organismus, um sich zu verwirklichen.

Ohne Wirt ist das Virus nichts, aber das ist dem Virus egal. Das Virus schwebt solange als Viruspartikel oder Virion herum, bis es auf eine Zelle trifft, die es einlässt. Die Virologen haben sich darauf geeinigt, dass es sich bei Viren nicht um eigenständige Lebewesen handelt.

SCHULD

Bei Schuld kann es sich sowohl um eingegangene Verbindlichkeiten handeln, als auch um die Voraussetzung für einen Straftatbestand. In den allermeisten Fällen tritt Schuld jedoch als Gefühl auf, als das sogenannte *Schuldgefühl*. Das Schuldgefühl kann ohne nachweisbaren Grund eintreten, aber auch völlig zurecht bestehen; die Grenze ist dabei fließend. Ein Schuldgefühl involviert meist zwei Parteien. Die, die die Schuld zuweist, und die, die sie annimmt. Dieser Vorgang kann auch in Personalunion ausgeübt werden. Wichtig bei der Schuldzuweisung ist, dass die Partei, die die Schuld zugewiesen bekommen soll, das Prinzip Schuld versteht und somit in der Lage ist, sie anzunehmen. Einer Fledermaus kann man zwar Schuld geben, aber weil die Fledermaus die Schuld weder versteht noch annimmt, verschafft das dem Schuldgebenden wenig bis gar keine Genugtuung.

Die Idee von Schuld ist, dass sie den Menschen zu einem besseren Menschen macht, indem der Mensch einsieht, gewisse Dinge lieber nicht mehr zu machen oder zu denken, und sich damit besser oder wieder besser in die Gesellschaft oder in seine Beziehung zur

Schuld zuweisenden Person einzufügen. Ein Schuldgefühl kann aber auch lähmend wirken und dafür sorgen, dass man in eine Depression abrutscht, und dann passt man auch nicht mehr in die Gesellschaft.

KERN

Der Redakteur war seit zwölf Monaten Vegetarier und ich seit zehn. Wir hatten von Anfang an eine gute Ebene und für einen Redakteur war er recht sportlich gebaut. Trotz seiner sanften Gesichtszüge war er durchaus wagemutig, also was Inhalte betrifft. Wenn wir nicht über das Projekt sprachen, sprachen wir über Räuchertofu und Cashewkerne und Rohkost und übers Fermentieren, also in den Pausen. Es sollte nicht irgendein Projekt werden, er wollte es groß aufziehen und nannte Namen von Schauspielern, die gerade recht bekannt waren, nicht nur bei uns, sondern auf der ganzen Welt. Man konnte schon ganz genau merken, dass er ein Mann der neuen Verwertungsketten war, ein Mann der Zukunft, aber in mancher Hinsicht war er dann doch altmodisch: Er legte Wert auf Pünktlichkeit und darauf, dass sich an Absprachen gehalten wurde. Außerdem stellte er eine gute Bezahlung in Aussicht. Das kam mir alles sehr entgegen, denn bei einem Projekt dieser Größenordnung bedurfte es natürlich einer konzentrierten und gründlichen Vorarbeit, die sich nicht so hoppladihopp erledigen ließ, und es würden sicherlich einige Rewrites notwendig werden.

Der Redakteur muss irgendwie geahnt haben, dass ich mich dazu entschieden hatte, ihn nach einem Vorschuss zu fragen, schließlich hatten der Mann und ich schon vor einer Weile aus dem Wohnzimmer und dem Bad die Böden rausgerissen, damit es endlich mal voranging bei uns im Haus.

Erst war er tagelang nicht zu erreichen gewesen, dann rief er mich an und sagte nur, dass das Projekt auf Eis gelegt sei. Das Schreiben war mir bislang eigentlich sehr gut von der Hand gegangen und da der Redakteur die Idee so interessant fand, dachte ich, es wäre bestimmt nicht verkehrt, die Anfangsidee auszubauen und gleich alles auf eine Serie mit drei oder vier Staffeln umzuschreiben. Warum genau das Projekt dann plötzlich auf Eis liegen sollte, war mir schon etwas schleierhaft, aber ich konnte mir ja auch keine Blöße geben. Nur, dass er gerade dann damit rausrückt, als ich im Begriff war, nach einem Vorschuss zu fragen, lässt einen schon auf Gedanken kommen. Vielleicht hätten wir doch noch warten sollen mit den neuen Fußböden, aber man konnte sich natürlich schon auch fragen, warum der Mann mir das so einfach geglaubt hat, also das mit dem vielen Geld, und ob da nicht auch seinerseits Wunschdenken mit im Spiel war.

INFEKTION

Und dann bin ich in der Nacht aufgewacht und hatte den oder das Virus. Ich hatte ihn mir sehr wahrscheinlich auf dem Filmfestival eingefangen, zu dem ich erst gar keine Lust gehabt hatte, hinzugehen. Das ist immer gefährlich. Gerade, wenn man erst gar keine Lust hat, bleibt man häufig am allerlängsten. Den Virus gab es ja noch gar nicht so lang und in Deutschland waren bisher nur eine Handvoll Fälle aufgetaucht, in irgendwelchen Bundesländern, in denen man sowieso nie was zu tun hatte. Aber der Virus konnte ja springen, und der Mensch, von dem es zum Nächsten sprang, musste gar nichts davon wissen.

An die meisten Gespräche konnte ich mich am nächsten Tag gar nicht mehr erinnern, es blieb nur so ein ungutes Gefühl, dass ich wahrscheinlich sehr viel geredet hatte, was ich wahrscheinlich besser nicht hätte reden sollen.

Ich war an diesem Tag danach so ausgelaugt, dass ich nichts anderes tun konnte, als mich sehr genau über die neue Krankheit zu informieren, und da wurde mir erst bewusst, dass es diesmal wirklich ernst werden könnte. Mit diesem neuen Wissen war es kaum mehr möglich, etwas anderes zu denken. Ich lag wach und spürte, wie das Virus sich langsam, aber beständig in mir ausbreitete. Ich überlegte, welchen Verlauf die Krankheit nehmen würde, und was wäre, wenn meine Mutter auch den Virus bekäme. Ob sie dann wohl sterben müsste? Und was wäre, wenn meine Kinder ihn bekämen und nicht mehr zur Schule gehen könnten? Dann habe ich vorsichtshalber den Mann aufgeweckt und ihm gesagt, dass ich mich angesteckt habe, aber er hat nur gesagt, dass ich weiterschlafen soll und dass wir morgen darüber reden.

FLEDERMAUS

Als Erstes hatte es die Fledermaus. Man dachte eine Zeit lang auch, es könnte über eine Ratte oder eine Schlange auf den Menschen gekommen sein, aber dann ist es doch die Fledermaus gewesen. Wobei es auch sein kann, dass da noch ein Schuppentier (auch »Tannenzapfentier« oder »Pangolin«) als Zwischenwirt beteiligt war, aber das war dann relativ schnell egal.

Es geschah auf einem Markt für Fische, Wildtiere und Meeresfrüchte in einer großen chinesischen Stadt. Fledermäuse werden in China und in Asien gerne gegrillt, gebraten oder als Suppe gegessen, und auf Märkten kann man sie gezüchtet oder als Wildfang kaufen. Knapp zwei Monate nach der ersten Infektion wurde der Handel mit Fledermäusen in China mit sofortiger Wirkung eingestellt.

ANGST

Die Ansteckungsgefahr lauert überall, auf Eisenflächen ganz besonders und auf Kartons, aber auch sonst überall. Die allergrößte Gefahr geht allerdings von den Mitmenschen aus. Am gefährlichsten ist ein hustender und/oder niesender Mensch. Durch das explosionsartige Ausstoßen von Schleim und Luft werden Aerosole freigesetzt, winzige schwebende Tröpfchen, von denen jedes Einzelne die noch viel kleineren Viren transportiert. Letzten Endes wird es die Verkettung der einzelnen Momente sein, die darüber entscheiden, ob es einem Virion gelingt, auf einer Wirtszelle zu landen und anzudocken. Also, vermutlich wird es am Ende nur ein einziger Moment gewesen sein, von all den Momenten. Die Summe aller Momente ist Null. Ich weiß nicht, ob das jetzt stimmt, das war mir nur gerade so eingefallen, und ich wollte es mir merken, entweder für das Drehbuch oder für was anderes, das ich jetzt noch nicht wissen konnte.

Bei der Angst, von einem Virus infiziert zu werden, kreisen die Gedanken unablässig um Situationen, die einem dafür prädestiniert zu sein scheinen, wobei man nie herausfinden wird, in welchem Moment genau der Virus in einen hineingesprungen sein wird. Eine stark empfundene Bedrohung und Unsichtbarkeit, gepaart mit Omnipräsenz, sind der ideale Nährboden für Angst.

PATIENT NULL

Als Erster hatte sich Patient Null angesteckt. Der wirkliche Patient Null wurde nie gefunden, er ist also mehr so eine Idee. Die Systembiologen glauben, dass, wenn sie den Patienten Null fänden, sie die Infektionsketten leichter nachverfolgen und den Virus besser identifizieren könnten. Je genauer sie die Infektionsketten rekonstruieren könnten, also wer von wem angesteckt worden ist und dann wen angesteckt hat, desto mehr wüssten sie über Ansteckungswahrscheinlichkeit, Erkrankungswahrscheinlichkeit, Latenzzeiten und Sterblichkeiten. Auch ohne den Patienten Null wurden die Ansteckungswahrscheinlichkeit und auch die Erkrankungswahrscheinlichkeit als sehr hoch eingestuft. Das Verheerende bei der Verbreitung dieses neuen Virus, so stellte sich heraus, war die lange Inkubationszeit, also die Zeit, in der der Virus bereits in den Körper eingedrungen war, der Erkrankte aber noch nichts davon spürte und dem Körper auch von außen nichts Ungewöhnliches anzumerken war. Trotzdem schien der Befallene bereits in dieser frühen Phase in der Lage zu sein, den Virus auf einen nächsten Körper überspringen zu lassen und diesen und noch viele weitere anzustecken.

AUFLÖSUNG

Der Mann hatte die Bedrohung tatsächlich noch nicht verstanden. Er schaute auf die Wetter-App, als ob nichts wäre, und überlegte, was das Wetter für die Baustelle bedeuten könnte. Von mir glaubte er, dass ich mich vor der Arbeit drücken wollte, dabei gab es ja gar keine Arbeit mehr, vor der ich mich hätte drücken können. Aber das konnte ich dem Mann unmöglich sagen, nicht solange die Böden in den unteren Räumen leergeschaufelt wurden und die Arbeiter jede Stunde Geld kosteten. So hatte ich eigentlich alle Zeit der Welt und der Virus konnte voll und ganz Besitz von mir ergreifen.

Die endgültige Absage war dann doch ziemlich abrupt gekommen und der Redakteur hatte es auch gar nicht genauer erklären können. Nur dass ich mich eben durch die vielen Rewrites von der genialen Anfangsidee immer weiter weg bewegt hätte. In dem Moment konnte ich ihm natürlich schwer sagen, dass ich gerade gestern erst einen richtig großen Schritt getan und sich der Hauptcharakter in meiner Vorstellung zu einem ganz anderen entwickelt hatte, was das Ende der Geschichte um ein Vielfaches besser gemacht hätte. Man darf sich nie mehr interessieren als der andere, das ist die erste und wichtigste Regel. Also sagte ich »Lebwohl«, aber mit einem Lächeln, sodass sich irgendwie eine zweite Bedeutung zu den Worten dazugesellte. Um welche zweite Bedeutung es sich handelte, ließ ich offen, aber ich sah an dem irritierten Blick des Redakteurs, dass ihm das Vorhandensein der zweiten Bedeutung nicht entgangen war.

Zurück zu Hause, wusste ich erst gar nicht was mit mir anzufangen. Ich musste mich einfach mit aller Kraft in eine neue Aufgabe stürzen, die ja keinesfalls eine unwichtigere sein müsste, und so verbot ich mir, noch weiter darüber nachzudenken. Ich habe dann lieber meiner Mutter von dem gefährlichen Virus erzählt, aber die musste gleich raus in den Garten, weil es so schön warm war und sie die Frühjahrsbeete vorzubereiten hatte. Ob ich einfach mal alle anrufen sollte, bei denen ich mich vielleicht angesteckt haben könnte? Aber die Erinnerungen an diesen Abend waren doch sehr verschwommen und tatsächlich hatte ich ja auch gar nicht die Nummern von allen, also hätte ich gar nicht alle anrufen und die Infektionskette nachverfolgen können. Das Virus ließ sich nicht mehr aufhalten.

SUPERSPREADER

Der oder die SuperspreaderIn ist eine Person, die ungewöhnlich viele Personen ansteckt. Bei dem Versuch, eine Epidemie einzudämmen, ist die Suche nach den Superspreadern von zentraler Bedeutung, da man über ihn oder sie im Idealfall viele andere Infizierte auf einmal finden und isolieren kann. Die erste bekannte Superspreaderin von SARS-CoV-2, wie das neue Virus getauft worden war, war eine südkoreanische Sektenanhängerin, die es sich trotz hohem Fieber nicht nehmen ließ, am Gottesdienst teilzunehmen und dort mehrere tausend Menschen ansteckte. Gottesdienste wurden schnell als relativ gefährlich eingestuft, weil beim gemeinsamen Singen Aerosole ungehindert aus vielen Mündern heraus- und in viele andere Münder hineingelangen konnten. Nach dem gemeinsamen Singen und Beten gingen die Sektenanhänger hinaus auf die Straßen und versuchten, noch andere Menschen zu missionieren, und so waren bald mehrere Hundert und dann mehrere Tausend angesteckt. Für Südkorea sollte sich das als großes Glück erweisen, denn zum einen gab es gleich richtig viele Erkrankte, sodass es der Bevölkerung und den Politikern sofort einleuchtete, dass drastische Maßnahmen ergriffen werden mussten, und zum anderen konnten ganz viele der Erkrankten direkt in der Sekte gefunden werden.

Man musste also nur die Sekte isolieren und schon war alles gleich viel besser. Die Sekte wurde dann auch, genau wie die Fledermaus, für immer verboten.

AMAZON

»Irgendein Projekt hat sich bisher immer ergeben«, sagte ich zum Mann. Der Mann hatte sich beklagt, dass die Abbuchungen zurückgingen. Und für jede zurückgegangene Abbuchung wollte die Bank zehn Euro haben.

»Aber wieso wollen die zehn Euro haben für eine Abbuchung, die nicht abgebucht werden kann?« Zum Glück klingelte dann mein Telefon, also es klingelte nicht, es brummte, weil ich habe mein Telefon eigentlich immer auf stumm. Eine Frau war dran und während ich noch überlegte, woher wir uns kannten, fragte sie mich schon, was ich von einem virtuellen Writer's Room für eine Amazon-Serie halten würde. Ich machte dem Mann ein Zeichen, das so was bedeuten sollte wie, dass der Anruf ganz wichtig wäre, und sagte dann ins Telefon, dass ich gerade an meiner Dissertation arbeite, aber prinzipiell nicht abgeneigt sei. Das mit der Doktorarbeit war mir irgendwie so rausgerutscht, hat die am Telefon aber auch nicht weiter interessiert. Die Frau am Telefon ging so selbstverständlich davon aus, dass ich wüsste, worum es ging, dass ich auch nicht noch mal nachfragen konnte. Möglicherweise waren da auch zwei Frauen am Telefon, aber auch das habe ich nicht gefragt, was ich im Nachhinein etwas bereue.

Sie haben dann gesagt, dass sie meine Idee ziemlich interessant fänden, und dass ich auch erst mal nur einen Entwurf schicken könnte, und ich habe nur »Mhm« gesagt. Wahrscheinlich hatte ich die Frau oder Frauen an dem Abend, an den ich mich nicht mehr so gut erinnern konnte, getroffen und ihnen irgendeiner Idee erzählt. Ich fragte dann immerhin doch, welche von den Ideen sie eigentlich meinten, so als hätte ich ganz viele Ideen, und sie sagten: »Die Zombieidee.« Ich hatte keine Ahnung, was das sein sollte, die »Zombieidee«, sagte aber: »Ok, ja klar«, und wir verabschiedeten uns nett und legten auf. Es würde mir schon wieder einfallen.

Nachts ist es ganz still im Dorf, also richtig nachts, wenn man schon ein paar Stunden geschlafen hat und dann wieder wach ist. Es sei denn, man hat eine Nachtigall in einem Baum vor dem Fenster sitzen. Ich musste die Frauen von Amazon mit meiner Idee zu irgendetwas inspiriert haben. Wahrscheinlich dachten sie, dass bald schon niemand mehr vor die Tür gehen würde und dass alle zu Hause Serien streamen würden, Romanzen oder eben so Zombiezeug. Ich würde schon wieder drauf kommen, aber jetzt musste ich einfach nur die Augen geschlossen halten und durfte gar nichts mehr denken.

HOMEOFFICE

Die Heimarbeit oder das Homeoffice hat eine lange Tradition. Wenn man es genau nimmt, hatten die

Menschen anfangs gar keine Vorstellung, etwas anderes zu machen als Homeoffice. Erst mit der Einführung der Lohnarbeit, also dem Konzept, dass einer einen anderen dafür bezahlt, dass er für ihn arbeitet, fing es an, dass die Menschen an einen ihnen zugewiesenen Arbeitsplatz gingen und dort ihre Aufgaben verrichteten. In diesem Zuge gab es dann auch auf einmal die Freizeit, die immer dann war, wenn man nicht an seinem Arbeitsplatz war, und das fühlte sich gut an. So wurde das Zuhause immer mehr mit Freizeit und immer weniger mit Arbeit assoziiert.

Die Idee, dass die Schreibtischarbeiter auch außerhalb des Gebäudes des Arbeitgebers arbeiten könnten, nämlich von da aus, wo sie eben Lust hatten, keimte in den 70er-Jahren wieder auf, wurde aber erst viel später mit dem schnellen Internet wirklich machbar. Das Homeoffice kollidierte dann aber mit dem Konzept Freizeit/Familie, das sich in der Zwischenzeit untrennbar mit dem Zuhause verbunden hatte. Genau genommen könnte der Arbeitnehmer im Homeoffice viel mehr arbeiten, denn er sparte die Hin- und Rückfahrt zum Arbeitsplatz, und wenn er die Arbeit geschickt in seinen Tagesablauf integrierte, hätte er die Chance, jede freie Lücke zu nutzen. Allerdings empfand der Arbeitgeber einen gewissen Kontrollverlust, und er würde erst lernen müssen, dass das moderne Beschäftigungsverhältnis mehr auf Vertrauen und Verantwortungsbewusstsein basierte. Als das Coronavirus ausbrach, war die Heimarbeit schnell die einzige Alternative, und jeder, der es sich leisten konnte, verzog sich in sein Homeoffice. Auch die Kinder.

DIE RUHE VOR DEM STURM

Die Ruhe vor dem Sturm bezeichnet die letzten Momente vor der Katastrophe. Damit die sonst geschäftigen Orte sich leeren, muss ein Großteil der Menschen der kommenden Gefahr gewahr sein und sich bereits in Sicherheit gebracht haben, oder sich gerade in Sicherheit bringen. Die Ruhe vor dem Sturm wird selten als friedlich empfunden, obwohl durchaus Potenzial für Momente der Besinnung vorhanden wäre. In der Ruhe vor dem Sturm lässt sich schlecht etwas Neues anfangen.

Hier auf dem Dorf war die Ruhe vor dem Sturm nur schwer von der ganz normalen Ruhe zu unterscheiden. Nur aus dem Internet wusste man, dass das hier jetzt die Ruhe vor dem Sturm war. Immer mehr Bilder von leeren Plätzen, die sonst niemals leer waren, wurden gezeigt, und Kurven mit Zahlen, die Anstalten machten, hochzuschnellen. Bald kamen einem alle Menschen, die sich noch nicht in Sicherheit gebracht hatten, unverantwortlich, ja fast lebensmüde vor. Komischerweise fiel mir da der Titel für die Zombieserie ein: *Honka*. Oder besser: *Honka, Bar des Vergessens*. Ich hatte erst vor ein paar Tagen von einer Bar mit diesem komischen Namen geträumt. Es war ein seltsamer Traum, deshalb habe ich ihn auch nicht gleich wieder vergessen wie andere Träume. Ich betrieb die Bar zusammen mit einigen Schulfreunden, mit denen ich schon längst nichts mehr zu tun hatte, und die neuen Nachbarn kamen als Gäste. Die Familie mit den zwei Kindern war erst vor Kurzem gegenüber eingezogen. Sie verwirklichten ihren Traum vom Leben auf dem Land und ich hatte sehr stark daran mitgewirkt, sie davon zu überzeugen, dass genau hier der richtige Ort dafür wäre. Aber jetzt, da ich sie in die Bar kommen sah, hatte ich so eine Vorahnung, dass sie über mich etwas herausfinden würden, was sie vielleicht vom Gegenteil überzeugen könnte. Aber genau konnte ich mich eigentlich nur an den Schriftzug mit dem Namen dieser Bar erinnern, der mit schwarzer Farbe über die Eingangstür gesprüht war.

KLEINER LEBEREGEL

Zuerst lebt der Kleine Leberegel in der Atemhöhle der Schnecke. Von dort wird er als Schneckenschleim ausgehustet, für den sich besonders die Ameise interessiert. Nachdem die Ameise den Schleim zu sich genommen hat, klettert sie nachts auf einen Grashalm und wartet darauf, dass ein Schaf sie frisst. Wenn kein Schaf sie bis zum Morgengrauen gefressen hat, klettert sie wieder herunter und geht zurück zu den anderen Ameisen in ihren Bau. Der Erreger bringt die infizierte Ameise aber dazu, jede Nacht aufs Neue an die Spitzen der Grashalme zu klettern, bis sie endlich von einem Schaf gefressen wird. Durch diesen Trick, die Ameise in eine Kamikazeameise zu verwandeln, gelangt der Erreger in das Schaf, dessen Gallengänge der erwachsene Kleine Leberegel sein Zuhause nennt.

Der Kleine Leberegel hat lange gebraucht, um den besten Weg von Schaf zu Schaf herauszufinden. Menschen, die sich genauer mit dem Kleinen Leberegel beschäftigen, vermuten, der Kleine Leberegel habe diese Strategie erfinden müssen, weil er in der Ameise in eine Sackgasse geraten war: Er war in sie hineingekommen, kam aber nicht mehr aus ihr heraus. Natürlich war nicht nur ein Kleiner Leberegel in diese Sackgasse geraten, sondern Abertausende, und es brauchte Millionen von Jahren, bis einer von ihnen herausgefunden hatte, wie er in das Gehirn der Ameise vordringen und die Ameise dazu bringen konnte, sich für ihn zu opfern.

HELDENREISE

Nach einem amerikanischen Professor der Mythologie aus dem Staat New York sind die allermeisten Geschichten der Menschheit, also zumindest die, die sich gut verkaufen, ihrer Struktur nach Heldenreisen. In der Heldenreise gerät der Held, der eine wichtige Aufgabe zu erfüllen hat, in eine schwierige Situation, die nur durch das besondere Geschick des Helden zu lösen ist. Dabei erhält der Held meist von unerwarteter Seite Unterstützung oder zumindest den entscheidenden Tipp, der ihn dann vor dem Untergang rettet. Es ist also nur verständlich, dass in einer Situation, in der das Virus unaufhaltsam jeden Einzelnen bedroht, jeder Einzelne begierig alle verfügbaren Informationen aufsaugt, die ihm eine bessere Überlebenschance im Falle der entscheidenden Auseinandersetzung ermöglichen. Jede noch so kleine Randnotiz, etwa, dass Ibuprofen die Wahrscheinlichkeit zu erkranken verstärkt, ist jetzt von allergrößtem Interesse. Ich habe in der Schublade im Badezimmer nachgesehen, ob ich überhaupt Ibuprofen habe, und zum Glück keins gefunden.

Das größte Problem der Krankheit ist, habe ich gelesen, die Heftigkeit der eigenen Immunabwehr. Also sind diejenigen mit einer schwächer ausgeprägten Abwehr im Vorteil. Dann müsste es wohl am besten sein, wenn man gar keine Abwehr hat, wäre das nicht logisch? Für mich macht das alles keinen Sinn und ich muss sofort aufhören, weiter zu recherchieren. Ich muss mich von der Hoffnung verabschieden, im entscheidenden Moment durch zusätzliche Informationen bessere Überlebenschancen zu haben, und von der Idee, mein Schicksal in der eigenen Hand zu halten, am besten gleich mit.

LIVETICKER

Liveticker oder Newsticker oder Nachrichtenticker nennt man die Technik, die es einem ermöglicht, immer alle Nachrichten sofort zu haben. Früher, und daher kommt auch der Name »Ticker«, verwendete man, um immer auf dem Laufenden zu sein, Fernschreiber, und die machten ein tickendes Geräusch. Wenn man die Liveticker verschiedener Nachrichtenmagazine zusammennahm und überall den News-Alarm aktiviert hatte, konnte man minütlich auf dem Laufenden gehalten werden. Es war auf jeden Fall sehr wichtig, dass man nichts versäumte und alle Informationen, die es gab, parat hatte. Ohne die Nachrichten hätte hier auf dem Dorf sicherlich niemand etwas mitbekommen von der Krise und auch nichts von dem Virus. Um sicherzugehen, dass man auch nichts verpasst hatte, konnte man sich die Zusammenfassung zweimal täglich über Mail zukommen lassen, oder doch gleich jede neue Nachricht als Pushnachricht aufs Telefon. Ich war mir gar nicht sicher, ob ich das eigentlich wollte, als ich diese Funktion aktivierte, aber als ich sie dann wieder ausschaltete, kam mir alles noch viel gefährlicher und unheimlicher vor. Trotzdem schaltete ich ab da auch das Brummen auf meinem Telefon lieber aus und es machte einfach gar kein Geräusch mehr.

AUFBRUCH

Der Winter war passé, und auch, wenn sonst alles herunterfuhr, begann die Natur zu erwachen. Nichts und niemand konnte sie aufhalten, so wie sie bis jetzt noch jedes Jahr nichts und niemand hatte aufhalten können. Kraniche zogen in Keilformationen über den Himmel, Buschwindröschen blühten auf den jetzt noch lichtdurchfluteten Böden der Laubwälder und wie immer begab sich die Krötenschar mitten in einer Nacht zu ihrem Laichgewässer. Ich weiß das, weil das Laichgewässer der Kröten in Hörweite meines Schlafzimmerfensters liegt. Sie brechen zu einer Zeit auf, zu der ich zwar schon im Bett liege, aber noch etwas Wichtiges zu überdenken habe, und wenn sie angekommen sind im Tümpel, dann feiern sie mit lautem Quaken den Neubeginn.

Die Tage wurden eindeutig wieder länger, was die Zirbeldrüsen in Mensch und Tier dazu veranlasste, weniger Schlafhormone auszuschütten und Gefühle der Leichtigkeit zu vermitteln. Doch in diesem Frühling waren die Menschen von der um sie herum sprießenden Natur eher irritiert. Sie hatten das Gefühl, dass sie diesmal nicht dabei sein durften.

HOMESCHOOL

Es kam mir vor, als ob es schon wochenlang so gegangen wäre, dabei sollte erst morgen der Ernstfall eintreten und die Schulen geschlossen werden. Gestern hatte ich mich mit den Nachbareltern getroffen, um zu beratschlagen, ob wir zusammen eine Homeschool aufmachen sollten, damit unsere Kinder zumindest die Vormittage über irgendetwas Vernünftiges machten. Ein bisschen Struktur schien uns hilfreich in den endlosen Tagen, die vor uns lagen.

Die Nachbarn aus dem Traum mit der Bar, die jetzt gegenüber wohnten, hatten noch eine andere Familie nach sich gezogen, für die auch noch Platz im Haus der Nachbarn war. Jeder, der mit dem Traum vom Landleben angesteckt worden war, steckte damit für gewöhnlich noch andere an, und so waren wir mittlerweile schon eine kleine Gruppe ehemaliger Stadtmenschen, die jetzt Landmenschen sein wollten und in der Dorfmitte lebten. Um die Idee mit der Homeschool zu besprechen, setzten wir uns in einen Kreis, wie das wenige Tage oder Wochen zuvor noch ganz normal gewesen war. Der eine ganz neue Nachbar, der in gewaltfreier Kommunikation ausgebildet war, hat uns erklärt, dass es am besten wäre, erst mal eine Gesprächsrunde abzuhalten, bei der jeder sagt, wie es ihm oder ihr geht und was er oder sie alles denkt. Sprechen darf dabei immer nur der, der den Gesprächsstab hat. Als Stab nahmen wir den Zollstock, den der Mann in der Hosentasche hatte. Der Nachbar mit der gewaltfreien Kommunikation, also der ganz neue Nachbar, bekam den Zollstock als Erstes. Er war ziemlich aufgebracht. Nicht, dass er direkt an eine Verschwörung glaubte, aber die Art, wie die Medien Angst schürten und verbreiteten, und wie die Menschen diese Angst bereitwillig annähmen, brachte ihn auf und er hatte den Wunsch, in unsere Homeschool etwas mehr Freiheit und Freude reinzubringen. Ich bekam als Nächste den Zollstock und sagte, dass der Ansatz des ganz neuen Nachbarn mir gut gefiele, weil ich mich ohnehin schon so angeschlagen fühlte und der Meinung war, dass unser brandenburgisches Dorf an sich schon genügend Abschottung bedeutete.

»Solange jetzt nicht die ganzen Städter rauskommen und sich in ihr Landhaus flüchten«, sagte meine Stuhlkreisnachbarin ganz richtig. Ich sagte besser erst mal nichts, denn dummerweise hatte ich den Flucheltern bereits gesimst, dass wir eine Homeschool machen würden und sie ihre Fluchtkinder gerne dazustecken könnten. Als der andere Nachbar, also ihr Mann, den Zollstock bekam, stand er zum Reden auf, verschränkte die Arme und war ganz entschieden der Meinung, dass wir, als Teil der Gesellschaft, die wir ja nun mal wären, die Aufgabe hätten, das Risiko möglichst gering und damit den Kreis unserer Homeschool so klein wie möglich zu halten. Dann sah er mich direkt an und sagte, wenn er eine Mutter zu Hause hätte, die bald achtzig wäre, würde er sowieso niemals zulassen, dass irgendein Fremder das Haus betritt. Ich weiß schon, dass der Nachbar das bestimmt nicht so böse ausdrücken wollte, aber getroffen hat es mich dann doch. Ich habe ihm gesagt, dass meine Mutter sich nicht einsperren lässt, dass ich es sogar schon versucht habe, aber wenn jetzt die Tage immer wärmer werden und alles zu sprießen beginnt, könnte ich meine Mutter unmöglich vom Garten fernhalten. Lieber stirbt sie, hat sie gesagt.

SOCIAL DISTANCING

Social Distancing ist eine sehr effektive Methode, um die Weitergabe von Tröpfchen von einem Individuum zum anderen zu verlangsamen. Erst war der Begriff noch sehr neu und niemand wusste, wie lange er sich halten würde. Manche kamen sich toll vor, wenn sie ihn verwendeten, und andere setzten ihn eher ironisch ein. Aber bald schon war klar, dass Social Distancing in unserer Gesellschaft angekommen und ein neuer feststehender Begriff geworden war. Irgendjemand hatte auch schon einen Wikipedia-Artikel erstellt, dem dann viele weitere noch etwas hinzufügten. Überhaupt gab es bald viele neue Redewendungen, von denen man vorher noch nie gehört hatte. »Flatten the Curve« oder »Protect the Elderly« etwa. Oder Begriffe, die man zwar schon irgendwie kannte, aber kaum oder selten verwendet hatte, wie »Herdenimmunität«, »Durchseuchung« oder »Pandemie«.

Da keiner wusste, ob er den oder das Virus schon hatte, oder ob der vor ihm in der Schlange es schon hatte, oder die Bäckereiverkäuferin, und weil die Tests, mit denen man das hätte testen können, irgendwie nicht zur Verfügung standen, musste man sehr bald einsehen, dass es wohl das Beste war, sich einfach erst mal voneinander fernzuhalten und einen Mindestabstand zu wahren. Anfangs setzten sich noch ein paar darüber hinweg und empfanden sich dabei als lässig und unaufgeregt, aber es dauerte nicht lang und keiner kam sich mehr cool vor.

Innerhalb von Herden ist Nähe ein Ausdruck von Zugehörigkeit und Verbundenheit zu seiner Spezies, weswegen Gefühle der Einsamkeit nicht ausblieben, aber die meisten gewöhnten sich irgendwie daran.

FLEDERMAUS II

Sobald es dunkel wird, also in der späten Dämmerung, flattern bei uns die Fledermäuse lautlos ums Haus herum. Man muss nur ein paar Sekunden warten, bis sie wiederkommen, auf einer Bahn, die der vorherigen recht ähnlich ist. Ich fragte mich schon, ob sich das für die Fledermaus überhaupt lohnt, für die paar Mücken oder Motten, die sie dort erwischen kann, oder ob diese Flüge vielleicht doch noch einen ganz anderen Sinn haben.

In der Stadt bekommt man die Fledermaus nur selten zu Gesicht. Sie stößt hochfrequente, für uns nicht hörbare Rufe aus, und überhaupt nimmt man sie mehr als Schatten wahr, als dass man sie konkret ausmachen könnte. Am Tag schläft sie, aufgehängt mit den Füßen nach oben, und im Winter sowieso. Fledermäuse sind nach dem Menschen die am häufigsten vorkommenden Säugetiere auf der Erde. Es gibt sie überall, bis auf die Antarktis. Ihr Immunsystem ist so stark wie kaum ein anderes. Während unser Immunsystem je nach Bedarf hoch- und runterfährt, um Kraft zu sparen, leistet sich die Fledermaus die ganze Zeit über die volle Abwehr. Ihr Immunsystem läuft ständig auf Hochtouren. Der schwarze Flughund und der Nilflughund sind besonders resistent. Ein Virus, das es aus der Fledermaus wieder heraus geschafft hat, ist gewappnet für die große, weite Welt, ein Mensch ist für ihn ein Kinderspiel.

AMERIKA

Das großartigste Land der Welt brauchte sich wirklich nicht vor einem Schnupfen zu fürchten. So ein kleiner, feiger, unsichtbarer Virusfeind würde den Vereinigten Staaten von Amerika nichts anhaben können, sagte der Präsident.

Einen halben Tag lang musste sein Berater auf ihn einreden, bis er sich breitschlagen ließ, der Depesche zuzustimmen, dass der Virus ein gefährlicher Gegner wäre, den man ernst nehmen konnte, ohne sein Gesicht zu verlieren. Na gut, Gottes eigenes Land vor einem gemeinen ausländischen Virus zu schützen, das würde auf jeden Fall eine würdige Aufgabe sein, und ab da war der amerikanische Präsident voll drin in der Erzählung. Wenn er es geschickt anstellte, würde er als Held daraus hervorgehen können. Als Erstes taufte er das ausländische Virus auf den Namen China-Virus. Man muss den Leuten immer ein Bild liefern und so ließen sich gleich zwei Fliegen mit einer Klappe schlagen. »Fighting the China Virus«, das war schon mal nicht schlecht. Die von der Weltgesundheitsorganisation vorgeschlagenen Namen SARS-CoV-2 für das Virus und CoViD-19 für die Krankheit, waren auch einfach nur öde und schwer zu merken. Und was sollte CoViD denn bitte heißen? Das bedeutete ja einfach gar nichts.

VIREN II

Vor Hunderten von Millionen von Jahren hat das Urvirus den Körper eines Lebewesens verlassen und schwebt seitdem auf der Suche nach neuen Körpern frei herum. Der Mann hat das irgendwo gelesen, weiß aber nicht mehr, wo. Das Urvirus soll aus der DNA eines anderen Lebewesens hervorgegangen sein, möglicherweise aus der eines Dinosauriers. Es hatte während der Zellteilung einen Fehler gegeben und ein einzelner kleiner Schnipsel schaffte es, der DNA zu entkommen und sich fortan, so unvollständig wie er war, in das Zentrum des Kopierens zu stellen. Das war dann Virus 1 und er ließ sich immer wieder und wieder kopieren. Im Internet konnte ich nichts zu dieser Theorie finden. Ich war mir noch nicht einmal sicher, ob ich den Mann richtig verstanden hatte. Er wirft mir so etwas beim Mittagessen hin, geht danach einfach wieder auf seine Baustelle und denkt, ich könnte dann noch weiter arbeiten.

Dieser kleine Schnipsel, der seiner Zelle entkommen ist, liebt die Veränderung, und mit jeder fehlerhaften Kopie hat er die Chance, neues Unheil anzurichten. So schweben die Viren in Tausenden von Variationen unaufhaltsam durch die Welt. Sie sind maximal frei, lassen sich treiben und lieben das Chaos. Aber noch mehr lieben sie es, in scheinbar geordnete Systeme einzudringen. Das System hat keine Vorstellung davon, was es tut, wenn es diese Information, also den Bauplan aus dem Virus, wohlwollend aufnimmt. Die Hüllen von Virus und Zelle verschmelzen und die Erbinformationen werden übertragen. Dann wird das Virus von der gekaperten Wirtszelle kopiert und weiterkopiert. Solange das Virus von der Wirtszelle beherbergt wird, geht es ihm gut und alle sind zufrieden. Aber natürlich vernachlässigt die Wirtszelle dabei ihre normalen Aufgaben, und allzu lange kann man seine normalen Aufgaben nicht vernachlässigen, zumindest nicht, ohne dass es jemand merkt. Spätestens dann, wenn das Immunsystem mitbekommt, dass da etwas nicht nach Plan läuft, beginnt der Kampf. Das Immunsystem erstellt über die individuelle Eiweißkennzeichnung ein Fahndungsbild und die Soldaten des Immunsystems können losziehen und alles und jeden, der zu dem Bild passt, kurz und klein schreddern. Wenn das Immunsystem das Virus bereits kennt, ist das eine Sache von Tagen. Wenn das Immunsystem das Virus aber noch nicht kennt, muss erst ein neues Fahndungsbild erarbeitet werden. Der Virus gewinnt Zeit und der Körper gehört ihm.

GOOGOL

Schon seit Längerem waren die Suchmaschinen jetzt immer die Ersten, die wussten, was die Menschen bewegte. Die beliebteste Suchmaschine trug den Namen *Google*, weil der, der die Domain *Googol* für die Suchmaschinenfirma sichern sollte, sich verschrieben hatte. Googol ist der Name für eine Zahl mit 100 Nullen, also 10^{100}, und so sollte auch die neue Suchmaschine heißen. Der Name der unvorstellbar großen Zahl schien den Begründern der neuen Suchmaschine die perfekte Metapher für das Wissen ihrer Maschine und das Internet überhaupt. Eigentlich hatte die unvorstellbar große Zahl schon einen anderen Namen gehabt, aber als dann dem Neffen eines Mathematikers der Name Googol einfiel, fanden den alle viel besser, und man nannte die große Zahl noch mal um. Manchmal braucht es mehrere Fehler, damit etwas richtig werden kann, und keiner kann wissen, welche Fehler das sein müssen.

Eine noch größere Zahl als ein Googol ist ein Googolplex, also 10 hoch Googol. Ein Googol hat hundert Nullen und ein Googolplex ist größer als die gesamte Anzahl der Protonen im Universum, hat zumindest der Mann behauptet. Ich frage mich schon, wie das sein kann, weil das Universum ist ja eigentlich unendlich.

Auf jeden Fall war Google schnell klar, dass das mit dem Coronavirus eine größere Sache werden würde. Aber da es ansonsten noch kaum etwas darüber gab – einfach nur viele Fragen, aber keine Antworten – entschied Google, sobald man »Corona« eingab, einfach, einen roten Kasten anzuzeigen, auf dem *SOS Warnmeldung* stand. Auf diesem Banner gab es ein Zeichen, das so aussah wie der Teilen-Button, wenn man aber darauf klickte, passierte gar nichts. Wahrscheinlich ging es bei dem Banner eher um so ein Grundgefühl, dass das, wonach man suchte, wichtig und gefährlich war, auch wenn man unter dem Suchbegriff noch kaum etwas finden konnte.

VIROLOGEN

Bislang hatte sich eigentlich kaum einer für das Berufsbild des Virologen interessiert, doch nun hörte man immer häufiger von ihnen und kannte manche sogar beim Namen. Virologen beschäftigen sich mit der Virologie als der Lehre von den Viren, erforschen deren Eigenschaften und suchen nach Möglichkeiten, sie zu bekämpfen.

Der Virologe, der in unserem Land bald der bekannteste aller Virologen sein sollte, schließlich hatte er den SARS-Erreger mitentdeckt und war auch ein bisschen hübsch, saß gleich von Anfang an mit in den Talkshows. Er hatte die Proteinkristalle, die er aus den Virenhüllen hatte wachsen lassen, mit hochbrillantem Röntgenlicht durchleuchtet und aus den gewonnenen Bildern die exakte Struktur der Proteine am Computer berechnet. Aber nicht nur das: Wegen seines angenehmen Äußeren und seiner ruhigen, eindringlichen Art zu reden, vertrauten die Menschen ihm bald mehr als den meisten anderen, die in der Krise eine Meinung hatten. Er aber blieb ganz ruhig, denn er war doch in erster Linie Wissenschaftler. Er ließ sich nicht hinreißen, irgendwelche Zahlen zu nennen, auch wenn die Journalisten mit noch so vielen Tricks versuchten, ihm eine Zahl zu entlocken. Er wusste am allerbesten, dass den Menschen doch nicht geholfen war, wenn sie Zahlen hörten, sie verstanden ja rein gar nichts davon.

QUOTE

Ein Schauer durchlief sie, als während der Sendung die magische Zahl nach oben durchbrochen wurde. Der Sendeleiter hatte das Zeichen gemacht. Sie wusste also, dass gerade etwas Besonderes passierte und dass sie Teil davon war. So hoch waren die Quoten schon seit 2001 nicht mehr gewesen. Da machte es nichts, dass sie für ein paar Sekunden den Faden verlor und der Redefluss ins Stocken geriet. Ihr war etwas schwindelig und die Lichter an der Studiodecke begannen sich zu drehen, trotzdem lächelte sie weiter in die Runde. Dafür war sie Profi genug. Der Virologe, der zu ihrer Rechten saß, nutzte den Moment und erläuterte noch mal die R-Zahl. Er sprach so weich, stets darauf bedacht, dass kein falsches Wort aus seinem Mund kam. Das verschaffte ihr die Pause, die sie brauchte, um ihre Gedanken zu fokussieren, und sie blickte auf das beleuchtete Notausgangsschild, auf das grüne Männchen, das sich in Sicherheit brachte.

Man hatte schon gedacht, es wäre vorbei mit dem Staatsfernsehen. Die Streaming-, also Video-on-Demand-Anbieter und Plattformen hatten das Fernsehprogramm zunehmend unattraktiv erscheinen lassen. Nur die Alten wussten es noch zu schätzen, sich vom öffentlichrechtlichen Rundfunk viele Stunden am Tag berieseln zu lassen. Als aber der Virus kam, war das die Chance, auf die die Programmchefs und Sendungsmacher lange gewartet hatten. Nur ganz ab und zu gab es noch was zur Unterhaltung, aus gegebenem Anlass. 40 Jahre

»Verstehen Sie Spaß?«, leider ohne Publikum, aber live aus München, mit Kameramännern mit Mundschutz. Aber in der Hauptsache sah sich der öffentlich-rechtliche Rundfunk von der Krise dazu ermächtigt, zusammen mit der Regierung und den Top-Virologen das Krisenmanagement zu übernehmen und die beunruhigten Bürger zu informieren.

TEST

Am besten konnte man es vielleicht mit feinen Stichen beschreiben, mitten in mir drin. Begonnen hatte es in den Augenwinkeln, da, wo sich eigentlich die Tränenflüssigkeit sammelt, und nun bahnte es sich seinen Weg durch mich hindurch. Dass man nur wenige von den beschriebenen Symptomen hat, ist noch kein Beweis nicht infiziert zu sein, das konnte man überall lesen. Ich hatte den Virus jetzt schon fast eine Woche lang und lief immer noch so mir nichts, dir nichts durch die Gegend. Nicht zu fassen, dass mich keiner testen wollte. Der Virus war ganz anders als alles, was ich bis dahin erlebt hatte. Dass es sich um eine gänzlich neuartige Krankheit handelte, konnte man daran erkennen, dass alles wie in Zeitlupe verlief. Mein Körper hatte keinerlei Verhaltensmuster, wie er auf den ihm unbekannten Virus reagieren sollte.

Ich war mir unsicher, ob ich es besser allen sagen sollte, um sie vor mir zu warnen, oder es lieber geheimhalten. Ich ging meinen neuen Nachbarn aus dem Weg.

Aus dem Fenster sah ich die schwangere Nachbarin mit einem Korb zum Dorfsupermarkt hinübergehen. Ihr Bauch war in kürzester Zeit erstaunlich dick geworden. Sie taten alle noch so, als würde das Leben einfach weitergehen können. Ich wollte irgendwas hinüberrufen, um ihr wenigstens ein Zeichen zu geben, aber was hätte ich schon rufen sollen? Schließlich rief ich sie an und sagte, dass ich ein Kratzen im Hals spüre, nur damit sie das wisse, und dass ich mich sofort testen lassen würde. Dann wählte ich die Nummer des Gesundheitsamts. Auf die Frage, wie ich darauf komme, infiziert zu sein, musste ich ein bisschen ausholen und von dem Filmfestival erzählen und der Zombieserie und so weiter. Die freundliche Frauenstimme am Apparat, die sich alles geduldig angehört hatte, erklärte mir, dass diese Umstände nicht ausreichten, um mich für einen Test zu qualifizieren, und dass ich lieber zum Hausarzt gehen und mich auf Grippe untersuchen lassen sollte. Das Besorgniserregendste an unserem Telefonat war die besänftigende Freundlichkeit der Frau. Es musste also wirklich schlimm sein, dachte ich. Im Hintergrund hörte ich noch eine andere freundliche Frauenstimme, die wohl gerade jemand anderen am Telefon beruhigte. Seltsamerweise hatte ich den Gedanken, was der andere Anrufer doch für ein Trottel war, dass er da anrief und sich einbildete, er hätte den Virus.

»Nichts wie weg hier«, dachte Geraldine. Das verdammte Kaff war total ausgestorben, und das an einem ganz normalen Wochentag. Geraldine lenkte ihren Schritt weiter in Richtung Zentrum. So sehr, wie sie sich auf die Einsamkeit gefreut hatte, freute sie sich jetzt, endlich mal wieder auf Menschen zu treffen. Es waren nur zwei Wochen gewesen, die sie in der einsamen Hütte ganz allein verbracht hatte, und sie war froh, dass sie durchgehalten hatte, aber genug war genug. Sie bog auf den Platz vor der Kirche ein, der zu ihrem Erstaunen ebenfalls total ausgestorben war. An der Längsseite des Platzes befand sich ein Einkaufsmarkt und gleich gegenüber das große Haus, in dem sie wohnte. Es war früher mal ein Hotel gewesen, aber schon lange wollte hier niemand mehr absteigen. Mitten auf dem Platz war die Bushaltestelle.

»Wenn die Einsamkeit in der Hütte dich nicht kleingekriegt hat«, dachte Geraldine, »dieses Drecksloch wird es ganz sicher schaffen.«

Man konnte Geraldine die vielen Tage in der Wildnis durchaus ansehen, aber selbst die Tatsache, dass sie ganz in Funktionskleidung gehüllt war und die Körperpflege in der letzten Zeit auf das Nötigste reduziert hatte, konnte nicht darüber hinwegtäuschen, dass sie eine schöne Frau war. Von ihrem langen, aschblondem Haar, jetzt selbstbewusst zu einem Dutt gebunden und unter dem Trapperhut verborgen, hatten es ein paar Strähnchen geschafft, sich zu befreien und hingen in kleinen Löckchen an ihren Wangen herunter. Ihr Gesicht war fein, aber klar geschnitten, mit einer geraden Nase. Der Gürtel, der mit allerlei nützlichen Kleinigkeiten bestückt war, ließ unter der Wachstuchjacke ihre schlanke, sportliche Figur erahnen.

Sie ging auf die Bushaltestelle zu, um die Abfahrtszeiten zu studieren, aber als sie so dastand, vertieft in die Uhrzeiten und Orte auf dem Plan, hörte sie, ganz leise, ein kehliges Stöhnen. Sie schaute in das kleine Häuschen hinein. Ihre Augen hatten noch gar keine Zeit, sich an die Dunkelheit zu gewöhnen, als zwei verlotterte Gestalten sich aus dem Holzverschlag schälten und aus der Bushaltestelle herauswankten, direkt auf sie zu.

Scheiße, was war das denn? Sie hatten überall Verletzungen und waren voller dunkelbraunem Schmodder. Das musste mal Blut gewesen sein. Einem fehlten die Wangen und seine Zahnreihen waren bis hinten offen zu sehen. Die Typen kamen direkt auf sie zu.

»Scheiße, Scheiße, Scheiße«, dachte Geraldine. Sie drehte sich um und wollte in den Supermarkt fliehen, aber da packte sie einer der Kerle auch schon am Oberarm.

»Gehirn …«, grunzte er.

PANIK

Man muss nicht in Panik geraten, braucht keine Angst zu haben, keine großen Mengen auf Vorrat kaufen und vor allem nicht versuchen, in sein Wochenendhaus zu fliehen.

Es hat immer einen besonderen Reiz, das zu tun, was man nicht tun soll, und manchmal hat man auch einfach das Gefühl, dass man es gerade doch tun sollte, weil es in Wirklichkeit das Allersinnvollste ist, nur dass eben nie alle das Allersinnvollste zur gleichen Zeit tun können und deswegen vor dem Allersinnvollsten gewarnt wird. Trotzdem hat es alle überrascht, wie schnell dann das Hamstern losging und die Autos sich auf den Ausfallstraßen aus der Stadt heraus stauten. An einem Tag war in den Discountern noch alles wie immer und dann, auf einmal, waren alle Regale leer, ohne dass sich sonst etwas Entscheidendes geändert hätte. Besonders erstaunlich war, dass es das Klopapier war, das als Erstes weg war und dann für lange Zeit nur noch ab und zu mal wiederkam. Ich habe mir nie viel aus Klopapier gemacht, aber wenn etwas weg oder wenig ist, entwickelt man mitunter ein starkes Verlangen danach. Und so begann ich, ab jetzt vor allem das einzukaufen, was nur noch besonders wenig da war, und wollte am meisten das haben, was gar nicht mehr zu finden war. Mehl und Zucker und Hefe und Klopapier. Der Mann kam mit einer Tüte Vitamintabletten nach Hause, so etwas hatte er noch nie gekauft.

Ich saß am offenen Küchenfenster, denn das war der Platz, an dem jetzt am besten jeder sitzen sollte, und schaute über den Dorfplatz zur Kirche, zum Haus des Liebhabers und zum Dorfsupermarkt. Im Hintergrund liefen auf YouTube Lieder aus meiner Jugend, das erschien mir gerade am passendsten. Menschen aus der Stadt, die noch kein eigenes Wochenendhaus hatten, fuhren herum und beugten sich dabei in ihren Autos vor und zeigten auf Häuser, in denen sie sich durchaus vorstellen konnten zu wohnen, wenn auch nur vorübergehend. Alte Freunde riefen an und auch Freunde, die schon lange keine Freunde mehr waren, erinnerten sich, dass man ihnen einmal ein Leben auf dem Land angepriesen hatte. Ich rechnete herum, bei einer Mortalitätsrate von, sagen wir mal, 1 % und einer Infektionsrate von 70 %, also bis zur Herdenimmunität – diese beiden Zahlen hatte ich jetzt schon häufiger im Internet gelesen –, macht das am Ende circa 4 Milliarden Infizierte und damit 40 Millionen Tote. Da merkte man ja schon, dass das irgendwie nicht stimmen konnte.

DRAMATURGIE

Hinten beim Kompost, da wo es wegen der hohen Bäume immer ein bisschen kühler und auch ein bisschen feucht ist, bilden die Brennnesseln im April erst nur einen fröhlichen hellgrünen Schimmer. Wenn man dann aber kurz nicht achtgibt, beginnen sie zu schießen. Sie schießen immer weiter und werden fett und dunkelgrün und bald kann man gar nicht mehr durchgehen, ohne dass die Nesseln einem die Unterarme verbrennen. Damit aber nicht genug, die Brennnesseln multiplizieren ihr Wachstum, bis sie übermannshoch sind. Aber da merken sie auch schon, dass sie langsam ein Problem kriegen mit den langen dünnen Stängeln, und die Blattläuse haben sich auch längst daran gewöhnt, exponentiell zu wachsen.

In einem abgeschlossenen Ökosystem, habe ich gelesen, stößt jedes Wachstum irgendwann an seine Grenzen. Es wächst einfach, bis es nicht mehr geht und von etwas anderem wieder heruntergeregelt wird. Also entweder von einem Feind, einem Mangel oder Stress. Jedes Ökosystem reguliert sich selbst, das ist das, was ein Ökosystem überhaupt erst ausmacht. Alles, was einer in einem Ökosystem macht, hat Auswirkungen und fällt auf ihn und die anderen im Ökosystem zurück.

Jetzt können wir eigentlich nur noch abwarten, hat der Top-Virologe gesagt, als alle Vorsichtsmaßnahmen endgültig besiegelt waren. Wir schlossen uns ein und guckten auf die Kurven, die langsam aber stetig nach oben krochen.

APOTHEKE

Gleich, als ich bemerkte, dass die Apothekerin die freundliche Stimme aufgesetzt hatte, spürte ich wieder dieses beklemmende Gefühl im Brustkorb. Wenn Sie sich krank fühlen, bleiben Sie besser zu Hause. Rufen Sie beim Gesundheitsamt an, die helfen Ihnen gerne weiter. Gehen Sie bitte nicht zum Arzt und nicht ins Krankenhaus, außer es muss unbedingt sein. Wenn es unbedingt sein muss, gehen Sie sofort ins Krankenhaus.

Die Apothekerin konnte ja nicht wissen, dass die Stimmen vom Gesundheitsamt, wenn man dort anrief, empfahlen, dass man einfach mal zum Arzt oder in die Apotheke gehen soll. An der Koordination der Empfehlungen muss dringend noch gearbeitet werden, dachte ich. Ich habe dann doch noch mal gefragt, aber sie sagte wieder nur ganz ruhig in einem leichten, fast fröhlichen Ton, dass sie keine Atemmasken führen würden. Ich war mir eigentlich sicher gewesen, dass ich hier in der Dorfapotheke Atemmasken bekommen würde, weil in unserem Dorf trug noch niemand eine. Ich hatte mir schon vorgestellt, wie es wohl wäre, wenn ich als Erste auf einmal mit einer Atemmaske herumliefe. Natürlich würden dann alle denken, dass ich das Virus habe und alle anstecke. Aber das dachten sie ja sowieso, weil im Grunde hatte ich ja auch die ganzen Leute aus all den Risikoländern hergeholt, und auch die, die immer zwischen Stadt und Dorf hin- und herfuhren. Es würde mir also so oder so angelastet werden. Aber die Atemschutzmasken waren aus beziehungsweise hatte es nie welche gegeben und sie könnten auch nicht nachbestellt werden, sagte die Apothekerin.

Das Tragen von Masken wäre im Übrigen gar nicht unbedingt hilfreich, wahrscheinlich sogar gefährlich, sagten die Verantwortlichen, die wussten, dass es nicht genügend Masken für alle gab und Panik vermeiden wollten. Nur, wenn man schon eine Maske hatte, dann sollte sie vielleicht trotzdem besser getragen werden. Man war sich ziemlich sicher, dass das Tragen von Masken mit an Sicherheit grenzender Wahrscheinlichkeit auch nicht schaden würde.

PARTYS

Da fiel es mir auf einmal wieder ein. Irgendwie war alles aus dem Ruder gelaufen und ich hatte versprechen müssen, dass ich ihn nie wieder treffen würde. Und wir hatten uns auch wirklich schon seit Jahren nicht mehr getroffen, nicht offiziell und auch nicht inoffiziell. Aber auf der Party, in der Nacht, als ich so lange auf dem Filmfest unterwegs gewesen war, stand er auf einmal vor mir, und jetzt kamen mir auch wieder die Bilder in den Kopf, wie ich ihn geküsst habe, irgendwo zwischen den Mänteln an der Garderobe. Er war meine letzte Hoffnung, noch ein paar Details über die Veranstaltung zu erfahren, wegen der Zombieserie und dem Geld, das ich damit verdienen könnte, und ich rief ihn an. Es war dann allerdings doch keine gute Idee gewesen und letztendlich konnte er mir auch nur sagen, dass ich sehr betrunken gewesen war und komisch getanzt habe. Dann hat er noch gesagt, dass ich ihn bitte nie wieder anrufen soll.

Es gibt Partys, die sind schwer zu stoppen, wenn sie erst mal so richtig in Fahrt gekommen sind. In einer Après-Ski-Hütte im Nachbarland war eine Party am Laufen und wollte einfach nicht aufhören. Jedes Jahr im Dezember fängt die Party dort an und nimmt täglich an Fahrt auf. Zum Fasching wird dann der Turbo gezündet und die Party schießt unkontrollierbar bis zu ihrem Aufprall Anfang Mai. Schließlich musste der Landeshauptmann schweren Herzens die Skisaison vorzeitig für beendet erklären, anders war das Treiben nicht zu stoppen. Da fuhren die Angesteckten nach Hause und wurden dort die Patienten 1, wenn nicht der Patient 1 zwischenzeitlich von woanders gekommen war.

GENRE ZOMBIE

Der Zombiefilm ist eine Unterkategorie des Horrorfilms. Ansonsten gibt es auch noch Psycho, Splatter, Mystery, Exorzismus, Geister und Clowns. Beim Zombiefilm geht es meistens darum, dass jemand, der eigentlich tot ist, gar nicht wirklich tot ist, sondern aus irgendwelchen Gründen Kontakt zu den Lebenden sucht, um diese ebenfalls in Untote zu verwandeln. Das Wesentliche am Zombie ist sein seelenloser Zustand und sein halb verwester Körper. Meistens hat der Zombie noch eine Rechnung offen oder glaubt, etwas begleichen zu müssen. Es gibt aber auch ferngesteuerte Zombies, die von einer höheren Macht gelenkt werden. Diese höhere Macht will zum Beispiel die Weltherrschaft an sich reißen und der Zombie soll ihr dabei helfen. Die Ansteckung erfolgt, wie auch beim Virus, meist über Berührung. Nach der Zombieberührung wird der Lebende nach kurzer Zeit ebenfalls zum Zombie.

Es kam mir schon ein bisschen komisch vor, dass Geraldine sich gar nicht groß gewundert hat, als ihr da plötzlich die Untoten aus der Bushaltestelle entgegentraten. Ich hatte mir vorgenommen, das später alles noch genau zu erklären, wo sie gewesen war und warum sie nichts mitbekommen hatte, aber dann habe ich verstanden, dass das eben genauso ist im Zombiegenre und dass ich also auf einem sehr guten Weg war. Irgendjemand ist einfach mal weg, und als er oder sie wiederkommt, ist irgendwas komisch, und dann kommen auch schon die ersten Zombies von überall her. Groß wundern tut sich da eigentlich keiner, es ist ja ein Zombiefilm.

AMERIKA II

Der Fernseher läuft mit den neuesten Nachrichten. Der Präsident liegt auf dem Bett und twittert. In der einen Hand hält er eine Cola Light, in der anderen das Smartphone. Er hatte natürlich auch den Regierungscomputer und das Regierungstablet, auf denen er jederzeit twittern könnte, aber die verwendete er so selten, dass sie wahrscheinlich gar nicht aufgeladen waren. Er hatte gerade noch mal was zum »damned China virus« gepostet, weil es ihn so verdammt wütend machte, wenn einer dieses verfluchte CoViD-Wort benutzte. Das würde er ihnen aber schon noch beibringen.

Es war ein anstrengender Tag gewesen, alle hatten irgendetwas von ihm hören wollen. Was denn nun wäre mit den Infizierten, und wie er sich das alles vorstellte. Er hatte eigentlich schon die Schnauze voll gehabt, aber dann war er doch vor die Kameras getreten und hat gesagt, dass er sie alle retten würde. Eine Billion Dollar würde er verteilen, jeder wird Geld bekommen und jeder eine Behandlung, wenn er sie bräuchte, kostenlos, wenn es sein musste. Die Firmen kriegen alle unbegrenzt Kredit und ein Impfstoff ist sowieso schon so gut wie gefunden. In zwei bis drei Wochen ist der Spuk vorbei und alles wird noch viel mehr am großartigsten sein als zuvor. Das müsste genügen. Ursprünglich sollte das Geld ja in die Mauer gesteckt werden, um diesen Zaunkletterern mal zu zeigen, was Amerika unter einer Grenze versteht. Aber dieses Gequatsche mit dem China-Virus wollte einfach nicht aufhören.

HOMESCHOOL II

Mitten in der Nacht schlich ich in das Zimmer meiner Mutter und setzte mich etwas zu schwungvoll auf ihr Bett. Wenn sie sich nicht freiwillig in Quarantäne begab, musste ich sie am besten sofort anstecken. Mir war klar geworden, dass es ja nur von Vorteil sein konnte, so früh wie möglich angesteckt zu werden, weil jetzt wären wenigstens noch Betten und Beatmungsgeräte frei, falls sie dann ein Bett und ein Beatmungsgerät brauchen würde. Meine Mutter, die noch gar nicht richtig wach war, hat nur gesagt, dass ich rausgehen und sie in Ruhe lassen soll, das wiederholte sie so lange, bis ich draußen war.

Am nächsten Morgen am Frühstückstisch sahen wir uns gar nicht an. Wir guckten beide nur auf den leeren Dorfplatz. Und dann habe ich gesagt, dass unten ins Erdgeschoss jetzt die Homeschool reinkommt und sie diese Räume besser nicht mehr betreten soll, weil Kinder, wie jeder weiß, besonders infektiös sind.

Ich war noch ganz aufgebracht, als ich den Klassenraum betrat. Es waren zwar nur sechs Kinder, aber trotzdem gab es einen Riesenlärm. Ich schrie, dass sich alle jetzt sofort auf ihre Plätze setzen und still sein müssen. Die Kinder waren auf der Stelle still und schauten mich fassungslos an. So etwas hatten sie noch nie erlebt, also meine Kinder schon, aber die Nachbarskinder nicht. Sie gingen ja normalerweise auf eine freie Schule, wo sehr viel diskutiert wird, was man als Nächstes macht und ob das auch dem entspricht, was man eigentlich will, und wie sich das mit der Gruppenmeinung vereinbaren lässt. Ich habe den Kindern gesagt, sie sollen jetzt 45 Minuten leise in ihren Arbeitsheften schreiben, ich würde den Timer stellen, und dann sei die erste Schulstunde vorbei. Eigentlich hatten wir in der Vorbereitung lauter schöne Projekte an die Tafel geschrieben, die die Kinder sich selbst ausgedacht hatten, aber ich habe gesagt, ist mir egal, jetzt gibt es erst mal Heftarbeit, und wer stört, geht zu sich nach Hause und darf erst morgen wiederkommen. Dann habe ich mich auf meinen Stuhl in der Ecke gesetzt und meinen Computer aufgeklappt.

UNSICHTBAR

Keiner konnte sich so recht vorstellen, wie ein Corona-Infizierter aussah, also wie er in seinem Bett lag und hustete. Es waren immer nur Leute in Schutzkleidung zu sehen und Krankenhausgänge, lazarettartige Zelte und am allermeisten der Virus selbst, die bunte 3-D-animierte Kugel mit den kronenartigen Saugnäpfen. Am Anfang war das Virus auf den Bildern meistens rot, dann blau und schließlich grün mit Stacheln, manchmal auch blaue Kugeln mit gelben Fortsätzen. Später gab es natürlich noch viel, viel mehr Bilder, Bilder von leeren Plätzen in Millionenstädten, von Reagenzgläsern und leergekauften Supermarktregalen, Bilder von Särgen in Kirchen.

Meine Mutter bekam von ihrer Schwester einen WhatsApp-Kettenbrief weitergeleitet, mit dem man schon viel mehr anfangen konnte. Er war wohl von einem italienischen Arzt verfasst worden, der in einem chinesischen Krankenhaus gearbeitet hatte und alles sehr genau beschrieb. Es hieß, wenn man eine laufende Nase mit Auswurf habe, dann habe man den Virus nicht. Das eindeutigste Indiz sei trockener Husten ohne Auswurf. Der Virus würde bei 36 bis 37 Grad sterben, weswegen man sehr viel heißes Wasser und Tee trinken und kein Eis zu sich nehmen solle. In die Sonne solle man sich setzen. Es waren noch sehr viel mehr nützliche Informationen in der Nachricht, von gefährlichen Metalloberflächen und von Waschmittel war die Rede, aber meine Mutter interessierte sich dann doch mehr für die Samen, die jetzt in die Erde kommen mussten. Dicke Bohnen natürlich, aber auch Radieschen und Möhren. Artischocken und Salate kamen auf die Fensterbank, nur für Tomaten fehlten ihr in diesem Jahr die Nerven. Ich las die Nachricht vom italienischen Arzt aus dem chinesischen Krankenhaus, die sie mir freundlicherweise weitergeleitet hatte, wieder und wieder. Es würde im Hals anfangen und nach drei bis vier Tagen würde das Virus mit der Nasenflüssigkeit verschmelzen und durch die Luftröhre in die Lunge tropfen. »Sie werden das Gefühl haben, im Wasser zu ertrinken und dabei bei vollem Bewusstsein zu sein«, schrieb der Arzt. »Es ist wichtig, sofort ins Krankenhaus zu gehen, wenn Sie dieses Gefühl haben.«

GEHEIMNISSE

Man konnte nicht sagen, ich hätte es nicht probiert. Schon seit dem Mittagessen saß ich im Salon, wie der Mann unser jetziges Schlafzimmer nannte, das eigentlich mal eine Abstellkammer gewesen war, aber jetzt der einzige sichere Raum, in den die Baustelle nicht reinkam. Jetzt musste ich noch elf Tage und 21 Stunden durchhalten, dann war die Quarantäne vorbei und ich wäre geheilt. Das schaffe ich niemals, dachte ich, musste meine Viruserkrankung einfach so gut es ging verstecken. Auf jeden Fall durfte niemals jemand dahinterkommen, dass ich Patient 1 in unserem Dorf gewesen sein werde. Ich hatte Glück und der Virus hatte sich in dieser Phase komplett in meine Lippen zurückgezogen. Sie waren sehr wund, und keine Salbe konnte mir helfen. Dieses Symptom war zum Glück noch nicht entdeckt und niemand schöpfte Verdacht. Ich benahm mich einfach auffallend fröhlich und machte immer einen kleinen Scherz aus meinen zwei Metern Sicherheitsabstand. So machte ich mich extra unverdächtig.

EPIZENTRUM

Das Epizentrum ist der Punkt an der Erdoberfläche, der genau über dem Erdbeben liegt, also wenn man vom Erdbeben aus senkrecht nach oben geht. Man geht davon aus, dass die Dinge, die sich im und in der näheren Umgebung des Epizentrums befinden, den größten Schaden bei einem Erdbeben nehmen. Das ist aber nicht zwingend so, denn Erdbebenwellen, bei denen es sich wahrscheinlich um Längswellen handelt, breiten sich in alle Richtungen aus. Die Ausbreitungsgeschwindigkeit ist dabei viel höher als bei Schallwellen, weshalb es zu umfangreichen Verwüstungen kommen kann. Zum Schutz vor Erdbeben soll man geschlossene Gebäude verlassen und sich optimalerweise irgendwo drunter verstecken, wo herabfallende Trümmerteile einem nichts anhaben können. Man legt sich flach auf den Boden und hält die Hände über den Kopf. Der Begriff *Epizentrum* wird mittlerweile auch in verschiedensten anderen Zusammenhängen verwendet, so ähnlich wie *Tsunami*. Dann bezeichnet er einfach einen Ort oder eine Örtlichkeit, wo etwas gerade am stärksten ist. Erst war das Epizentrum des neuen Virus China, dann war es Italien, dann war nicht ganz klar, ob es Spanien, Deutschland oder Frankreich war, und dann war ziemlich klar, dass es Amerika werden würde und die Russen haben gesagt, sie haben kein Corona, und begannen sich stark zu machen für die Hilfsaktionen, die sie bald anderen Ländern zuteilwerden lassen könnten.

LEFTOVERS

Ich hatte wirklich nicht gewusst, dass die Frau gestorben war, und ganz sicher habe ich es niemandem gesagt. Es stimmt schon, dass in einem Dorf eigentlich jeder immer alles weiß, aber dass der Freund von mir und sein Freund dann gleich dort eingezogen sind, habe ich bestimmt nicht gewusst. In dieser Zeit war man doch erstaunlich uninformiert, was gewisse Ereignisse in der nächsten Umgebung betraf.

Der Freund von mir, der von Beruf Koch und Performer war und auch ein bisschen Tänzer und Modedesigner, hatte sich auf das Verkochen und Verwerten von Resten, sogenannten *Leftovers*, spezialisiert. Dazu benötigte er immer neue Leftovers, also Stoffe und Lebensmittel und überhaupt Sachen, die andere nicht mehr brauchten oder eben gerade nicht nutzten. Er lebte ohne Geld, also mit sehr, sehr wenig, weswegen er stets auf die Hilfe seiner Freunde und deren Leihgaben und Geschenke angewiesen war. Natürlich wusste ich, dass er einen Zufluchtsort in unserem Dorf gesucht hatte, aber ich habe ihm gleich gesagt, als sie, also er und sein Freund und noch ein Freund, mit einem riesigen Wohnmobil bei uns auf dem Hof standen, dass das jetzt ein total ungünstiger Zeitpunkt war. Sie sollten besser wieder zurück in die Stadt fahren, habe ich gesagt. Es kann sein, dass ich ihm gegenüber erwähnt habe, dass die Frau aus dem kleinen Häuschen unten am Kirchberg vom Krankenwagen abgeholt worden war, aber ich habe ihn auf keinen Fall ermuntert, zu ihrem Sohn oder irgendwem zu gehen. Trotzdem dachte jeder, ich hätte etwas damit zu tun und ich würde Leute zu uns ins Dorf holen, und damit den Virus.

Der Sohn der Frau, hat mir der Performancefreund später erzählt, war wirklich froh, dass er mit dem ganzen alten Plunder, der sich noch in dem Haus befand, nichts zu tun haben musste, und hat ihnen gleich den Schlüssel gegeben. Und mein Freund war natürlich auch froh, denn jetzt hatte er nicht nur eine Bleibe, sondern auch jede Menge Leftovers. Nur wegen Kokosmilch und Reis, USB-Kabeln und anderen Sachen, die wir vielleicht nicht mehr bräuchten, fragte er manchmal noch nach.

ZEITFORMEN

Die Menschen versuchten der Gegenwart zu entfliehen und fingen an, mit verschiedenen Zeitformen zu experimentieren. Es wird alles ganz plötzlich gekommen sein, hieß es. Man wird sagen, dass es hätte verhindert werden können, dass man aber daraus gelernt haben würde, wenn es einmal vorbei wäre. Einige empfanden es als wohltuend, sich zu überlegen, wie die Welt nach der Krise würde aussehen können, und dass es nie wieder so werden würde, wie es vor der Krise gewesen sein wird. Man überlegte, wie genau es wohl anders sein würde nach der Krise und was man jetzt tun müsste, damit es nicht so, sondern ganz anders gekommen sein würde.

IMPFSTOFF

Jeder Forscher oder jedes Institut würde sehr stolz sein können, den Impfstoff als Erstes gefunden zu haben. Ein Unternehmen in Deutschland, das nach eigenem Bekunden schon sehr weit war und deshalb glaubhaft versicherte, den Impfstoff als Erstes gefunden haben zu werden, hatte vom amerikanischen Präsidenten ein sehr lukratives Angebot über einen Exklusivvertrag erhalten. Nach einigen Tagen Bedenkzeit, in denen die Menschen hierzulande schon panisch geworden waren, bekräftigte das deutsche Unternehmen, dass von Anfang an ausgeschlossen gewesen sei, dass sie so etwas machen würden. Die Menschen hatten schon Angst gehabt, der Impfstoff könnte nur den Amerikanern zur Verfügung stehen, wenn er sehr bald von dem Unternehmen in Deutschland entwickelt wäre.

JENNIFER

Als aus dem Deal nichts geworden war, hat Amerika dann gleich, wie alle anderen auch, mit Studien eines eigenen Impfstoffes angefangen. Und dieses Mal verzichtete Amerika auf die langwierigen und sinnlosen Tests an Tieren. Die erste Testperson, Jennifer, wurde einen Tag lang berühmt, weil es eben doch sehr schnell gegangen war, dass auf einmal der Impfstoff da sein sollte und an ihr getestet werden konnte. Es war wirklich gar nicht schlimm, hat Jennifer dem deutschen Nachrichtenmagazin am Telefon gesagt, nur ein kleiner Piks. Jetzt hat sie Telefontermine mit Nachrichtenmagazinen auf der ganzen Welt und kann so ihre Gage von 1100 Dollar für den Test noch ein bisschen aufbessern. Übrigens werden ab jetzt noch sehr viel mehr Testpersonen gesucht, denn es sind auch noch weitere Unternehmen kurz davor, den Impfstoff gefunden zu haben. Ich fragte mich, ob es wohl unprofessionell wäre, mal nach einem Vorschuss für die Zombieserie zu fragen.

HONKA, BAR DES VERGESSENS II

Mehr und mehr von den Kreaturen kamen jetzt aus ihren Verstecken gekrochen. Der Platz füllte sich in Windeseile und war bald übersät mit diesen Biestern. Aus irgendeinem Grund schienen sie alle hinter ihr her zu sein. Die verdreckten Klamotten hingen in Fetzen von ihren zerschundenen Leibern. War sie denn die einzig Normale unter all den Monstern? Diese

Frage brachte sie jetzt kein Stückchen weiter, sie musste handeln. Sie holte ihr Bowiemesser aus dem Lederhalfter an ihrem Gürtel und stach auf die zwei, drei Kerle ein, die sie am meisten bedrängten, aber das ließ die Typen recht unbeeindruckt. Sie nahm allen Mut zusammen und schnitt einem von ihnen mit einem beherzten Hieb den Hals durch. Das ging erstaunlich einfach, die scharfe Klinge glitt durch das, was einmal Fleisch gewesen war, wie durch Butter. Sein Kopf klappte zur Seite, aber es kam kein Blut, nur dieser dunkelbraune Schmodder. Die Tür des Supermarkts öffnete sich und sie wurde an ihrer Jacke etwas unsanft hineingezerrt. Geraldine war sofort in Alarmbereitschaft und fuchtelte mit ihrem Messer herum.

»Ho, ho, ho, immer langsam. Beruhig dich erst mal.« - Das klang wie eine ganz normale Stimme, nicht dieses Gestöhne der Gestalten.

»Wer bist du? Bist du normal?«, schrie Geraldine, noch immer total aufgeregt und mit dem Messer vor ihrer Brust. »Was ist hier überhaupt los?«

Jetzt erst erkannte sie die Supermarktinhaberin, eine Frau mittleren Alters mit Bubikopffrisur. Sie trug eine anachronistische Kittelschürze und hielt beschwichtigend die Hände vor sich hin. Sie hatten nie groß miteinander gesprochen, eigentlich war Geraldine sich ziemlich sicher, dass die Supermarktinhaberin sie nicht ausstehen konnte.

»Wo lebst du denn? Sag bloß, du hast von dem Virus noch gar nichts mitbekommen?«

»Welcher Virus?«

»Los schnell, du hast was abbekommen.« Die Supermarktbesitzerin zog in Windeseile ein Paar Gummihandschuhe über, nahm Desinfektionsspray und wischte einige Tropfen des braunen Schleims von Geraldines Gesicht und Händen.

»Was ist, was ist so schlimm daran?«

Die Supermarktinhaberin guckte Geraldine jetzt tief in die Augen. »Wenn du das nicht desinfizierst, bist du in ein paar Minuten genau wie die.«

Sie nickte mit dem Kopf zum Schaufenster und erst jetzt erkannte Geraldine, dass sich eine ganze Horde Untoter an der Scheibe drängte und hereinzukommen versuchte.

VERHEERUNGSPOTENZIAL

Wenn man das Internet fragt, was *Verheerungspotenzial* ist, dann schlägt es einem vor, ob man nicht lieber nach *Verbesserungspotenzial* suchen möchte. Ich konnte nicht glauben, dass im Internet wirklich niemand wissen wollte, wie es noch schlimmer kommen könnte. Dabei liebt das Internet doch die Katastrophe und Verschwörungstheorien. Wenn man wissen will, was das Internet am meisten liebt, muss man nur den ersten Buchstaben eingeben und das Internet vervollständigt dann das Wort. Aus A macht es *Amazon*, aus B *Bitcoin* und bei C war ziemlich schnell klar, dass *Corona* daraus werden würde, dabei hatte das Internet Corona noch bis vor Kurzem für eine Biermarke gehalten.

Wahrscheinlich mag es einfach nur das Wort Verheerungspotenzial nicht oder hat es eben einfach noch zu wenig gehört. Wenn keiner Verheerungspotenzial eingibt, weiß das Internet eben gar nicht, dass es das gibt.

Ich habe es jetzt mindestens schon dreimal eingegeben.

Das Internet vervollständigt ja auch Sätze, wenn man zum Beispiel eingibt: »was ist wichtig«, vervollständigt es das als Erstes zu: »was ist wichtig in einer Beziehung«, dann »was ist wichtig im Leben« und als Drittes »was ist wichtig bei Laufschuhen«. Ich muss mich wirklich besser auf meine Aufgaben konzentrieren, man darf nicht zu viel Zeit mit dem Internet verbringen.

Die Corona-Pandemie hatte ein mittelmäßiges Verheerungspotenzial. Das lag an den häufig milden Symptomen, die die meisten Erkrankten zeigten. Der zu erwartende Krankheitsverlauf bei HIV zum Beispiel war wesentlich schlimmer. Nur die Übertragung war bei HIV für viele Menschen vergleichsweise unschwer zu vermeiden. Die Pest ihrerseits war wohl wirklich sehr verheerend, denn sie hatte beides: Man konnte sich leicht anstecken und dann wurde es sehr schnell sehr schlimm.

DEUTSCHE MASCHINEN

Es ist Glück im Unglück, hat der Mann aus der Industrie gesagt, unser Land sei gut aufgestellt. Wir könnten froh sein, dass sich die Hauptniederlassung des führenden Beatmungsgeräteherstellers ausgerechnet in unserem Land befände. Und der Mann aus der Politik, der zwischen dem Mann aus der Industrie und dem aus der Wissenschaft saß, hat gesagt, dass sie schon gleich 10.000 Beatmungsgeräte bestellt hätten. Das Lieferdatum hätte er jetzt nicht parat, aber der führende Beatmungsgerätehersteller hatte ihm zusichern können, gleich mit der Arbeit zu beginnen.

Jetzt zahle es sich aus, sagte der Mann weiter, das Land der Ingenieure und Frühaufsteher zu sein und außerdem Exportweltmeister.

Die Talkmasterin guckte verständig und nickte leicht. Die Talkshow-Formate hielten immer noch die hohen Einschaltquoten und hatten sie sogar noch ein bisschen erhöhen können, aber da es in diesen Runden kaum möglich war, abweichende Meinungen zu vertreten, gab es sehr bald kaum mehr etwas zu sagen. Hätten nicht alle so viel Angst gehabt, wären die Sendungen unerträglich langweilig gewesen. So wurde weiter über relativ banale Tatsachen gesprochen, über die sich im Grunde nur wenig sagen ließ. In erster Linie ging es um Masken, Schutzkleidung, Beatmungsgeräte und die Interpretation von Kurven. In der Frage der Mundschutzmasken, die ja überall fehlten, schätzte der Politiker, dass circa eine Million gebraucht werden würden.

»Aha, und wahrscheinlich sind die auch schon bestellt?«, fragte die Talkmasterin leicht unbeherrscht in die Runde. Die Frage war viel spitzer herausgekommen, als sie gedacht war, aber spätestens jetzt war allen klar, wie leer und inhaltslos ihre Gespräche und wie verzweifelt die Lage doch war.

BUSHÄUSCHEN

Ich beobachtete die Jugendlichen jetzt schon eine ganze Weile. Von unserem Küchenfenster aus konnte man direkt ins Bushäuschen gucken. Erst war es nur eine Gruppe von Jungs mit einer Boombox und Energydrinks. Später kamen dann noch drei Mädchen dazu. Gruppen über fünf dürfen sich gar nicht treffen. Ich hatte große Lust, hinunterzurufen, die Jugendlichen im Bushäuschen nervten eh immer. Ich öffnete das Fenster. »Geht nach Hause!«, rief ich, aber merkte im gleichen Moment, dass sie mich mit ihrer lauten Musik und dem Abstand gar nicht hören konnten. Trotzdem entdeckte mich einer und dann guckten auch die anderen. »Ab nach Hause!«, schrie ich noch einmal. Dann machten sie die Musik aus und einer kam näher, bis er unter meinem Fenster stand. »Hä? Was?«, fragte er.

»Wisst ihr nicht, was gerade los ist? Es darf sich keiner mehr treffen. Zwei Meter Abstand, bitte.«

»Alles klar, Alte«, sagte der Junge, und kurz darauf dröhnte der Beat aus der Boombox wieder los.

SOCIAL BASHING

Die Empörung von Menschen über andere Menschen nahm zu. Auf den Portalen häuften sich die Missfallenseinträge über Mitbürger. Auf den Webcams konnte man vom Homeoffice aus kontrollieren, dass auch sicher niemand mehr draußen unterwegs war, der es nicht wirklich sein musste. Die Polizeigewerkschaft hatte getwittert, dass man nicht mehr die 110 wählen sollte, die wäre eh schon überlastet. Hier bei uns im Dorf konnte man sich noch selbst helfen.

»Nehmt euren Virus und haut ab in die Stadt, wo ihr herkommt!« Die Inhaberin des Dorfsupermarkts ließ sich den Mund nicht verbieten. Eine Atemmaske trug sie nicht, sie war ja kein Reisfresser.

Die Gefahr im Dorf blieb unsichtbar. Keine Leichenkarren, die durch die Gassen ratterten. Die einzige Gasse, in der die Karren überhaupt noch hätten rattern können, war der Weg zwischen den Nachbarn und uns, weil überall sonst das Katzenkopfpflaster, also ein Kleinsteinpflaster aus Steinen, die ungefähr so groß sind wie ein Katzenkopf, durch Asphalt ersetzt worden war.

Ein bisschen fragte ich mich schon, ob die Frau aus dem kleinen Haus wohl an dem Virus gestorben sein könnte, aber es schien mir unmöglich, an diese Information zu kommen. Es gab ja immer noch keine Tests. Wie lange würde so ein Virus wohl in so einem Haus ohne Wirtszelle überleben können?

RUF

Die grundsätzliche Idee der Heldenreise ist, dass der Held oder die Heldin vor ein großes, unbekanntes Problem gestellt wird. Das Problem ist so groß und unbekannt, dass der Held zunächst davor zurückschreckt und es vorzieht, dass alles so bleibt, wie es gerade noch war. Aber es ruft ihn. Er kann seine Ohren noch so sehr verschließen, ist unüberhörbar, denn der Ruf kommt aus seinem Inneren und ist dazu da, dass der Held oder die Heldin seine oder ihre Bestimmung findet. So eine Heldenreise macht man meist nur einmal im Leben, und wenn er oder sie die Sache hinter sich gebracht hat, wird nichts mehr so sein wie davor. Es ist der Übertritt von einer Lebensphase in die andere, die Transformation der alten Welt zu einer neuen.

Also, auf jeden Fall müsste die Heldin meiner Zombiegeschichte auch Gefahren überstehen und am Ende die Welt retten. Alle erfolgreichen Geschichten sind so aufgebaut, das funktioniert immer. Wenn man das mal verstanden hat, kann man eigentlich so viele erfolgreiche Geschichten schreiben, wie man will. Als mir das klar wurde, war ich ganz beruhigt. Aber was soll das schon heißen, die Welt retten? Es kam mir auf einmal zu viel und gleichzeitig zu wenig vor.

HILFE

Der Halbmond war immer das Beste. Eigentlich hatte er ja wirklich nichts übrig für Sport, noch nie gehabt, aber das Allernötigste musste eben sein. Wenigstens hatte er nicht die Unart mit dem Alkohol und die Haare waren auch noch alle auf dem Kopf, zumindest, wenn er sie richtig kämmte. Jetzt noch die Brücke und der Berg. Es kam ja immer gut an bei den Wählern, dass er nie ein Buch las, aber das mit den Yogafiguren, den Fünf Tibetern, war wirklich auch das einzige Buch, das er hatte. Das musste ja nicht unbedingt jeder wissen.

Er ließ sich auf den Teppich sinken und blieb da erst mal kurz liegen. Dieser Veloursteppich war so flauschig weich, dass er gerne einfach mal nur so liegen blieb. Er mochte sogar den Geruch von diesem Reinigungszeug, mit dem die hier immer drüberfuhren. Er bewegte sich nicht und schaute an die Decke und da war sie auf einmal: die Superidee! Wenn jetzt die Unterstützungsschecks für die Leute rausgingen, dann könnte doch jeder Scheck an jeden Amerikaner einfach seine Unterschrift draufgedruckt haben. Wie großartig wäre das denn? Was für ein fantastischer Teppich das doch war. Die Brücke und den Berg konnte er jetzt vergessen, die reinste Zeitverschwendung. Er würde jetzt aufstehen, die Jungs von der Steuerstelle anrufen, dass die Schecks noch mal aus den Umschlägen geholt und neu gemacht werden müssen. Mit Unterschrift, und am Besten mit ihm als Absender auf dem Umschlag. Wirklich enorm.

APOTHEKE II

Endlich gab es Mundschutzmasken bei der freundlichen Apothekerin. Sie waren aus verschiedenen bunten Stoffresten genäht, die die alten Frauen noch in den Schränken hatten. Man konnte sich entweder eine von den Masken aussuchen und für ein paar Euro erwerben, oder sich kostenlos ein Schnittmuster für eine Maske mitnehmen, wenn man selbst noch Stoffreste zu Hause hatte. Ich suchte mir eine Maske aus einem braun-beigen Schürzenstoff aus, zwei aus kariertem Stoff für die Kinder, eine mit Blumen für meine Mutter und noch eine braun-beige für den Mann. Ein bisschen roch meine Maske nach Mottenkugeln, bildete ich mir ein, oder war das Imprägnierung gegen die Viren?

Auf dem Rückweg dachte ich, schaue ich noch kurz beim Liebhaber rein. Das merkt keiner, denn er wohnt genau auf der Hälfte des Weges von der Apotheke zu uns. Aber dann fiel mir auf, dass ich gar keine Maske für ihn besorgt hatte. Ich schämte mich ein bisschen, dann damit war endgültig bewiesen, dass Liebhaber in der Not ganz nebensächlich sind. Das tat mir wirklich leid und ich drehte noch einmal um und besorgte noch eine weitere braun-beige Maske. »Für den Liebhaber«, sagte ich zur Apothekerin. Es wissen ja eh schon längst alle, aber wenn ich es ausspreche, ist es trotzdem immer komisch. Die freundliche Apothekerin lächelte jetzt gar nicht mehr freundlich, sondern eher ein bisschen falsch, so als wäre das ein dummer Witz von mir gewesen. Als ich dann wieder zurück zum Liebhaber bin, war er gar nicht da und ich hing die Maske bei ihm an die Tür.

CHINA

Und dann kam der Tag, an dem es in China nur noch einen neuen Infizierten gab. Nach zahlreichen Prüfungen und Strapazen war der Held, also in diesem Fall der Generalsekretär der Kommunistischen Partei Chinas, am Ziel seiner Reise angelangt. Also am Ziel war er natürlich noch nicht, aber zumindest an dem Punkt, an dem er die unbekannte Welt wieder verlassen konnte.

Der Generalsekretär der Kommunistischen Partei Chinas war in das frühere Epizentrum gefahren, um sich ein Bild zu machen. Dazu hatte sich das medizinische Personal der neu gebauten Krankenhausfabrik, die das Coronavirus schließlich besiegt hatte, also Tausende von Artzhelferinnen und Arzthelfern, den Farben ihrer Schutzanzüge nach aufgestellt. Das ergab einen wunderbaren Regenbogen, und dann wurde ein Foto gemacht mit dem Parteisekretär in seinem dunklen Anzug und weißer Mund- und Nasenbedeckung als Ankerpunkt. Da China den Virus nun hochoffiziell besiegt hatte, konnte es die Produktion von Schutzanzügen, Masken und Beatmungsgeräten wieder aufnehmen, und das kam genau zur richtigen Zeit, um den Rest der Welt mit den dringend benötigten Materialien zu versorgen.

Wahrscheinlich würde diese Erzählung am Ende zum Märchentyp 480D gehören, *Geschichten von artigen und unartigen Mädchen*, in denen das artige Mädchen mit Reichtümern belohnt wird, das unartige aber mit Pech übergossen.

Natürlich musste die Geschichte noch einmal verfeinert und angepasst werden. Vor allem war noch nicht klar, wer den Antagonisten geben würde, aber es gab schon einige Anwärter, die zumindest rasant steigende Infektionszahlen zu vermelden hatten.

HELDENREISE II

Eine Geschichte kann man so oder so erzählen. Wichtig ist nur, wer, also welches Land oder welcher Staat, und damit sein Regierungschef, am Ende am besten dasteht. Dabei ist darauf zu achten, den eigenen Weg als den einzig richtigen erscheinen zu lassen. Schwierigkeiten sind dabei nicht auszulassen, denn ohne Schwierigkeiten wäre eine Geschichte langweilig und eine Heldenreise unmöglich. Je größer die Schwierigkeiten, desto größer der Ruhm, den der Held auf sich lädt.

China glaubte wirklich, es hätte es geschafft, dabei war das höchstens der erste Akt gewesen. Er hatte viele Begabungen und die Regeln der Dramaturgie hatte er im Blut. Kein Berater brauchte ihm zu erklären, wie seine Heldenreise auszusehen hatte, und er hatte einen nach dem anderen gefeuert. Die meisten machten den Fehler, dass sie Geschichten zu kompliziert erzählten. Geschichten mussten einfach sein. Einfach und deutlich. Und am Ende musste alles großartig sein. Das Blatt würde sich jetzt erst mal wieder wenden und dann, ganz am Schluss, kommt der Neckbreaker.

(Anm. der Erzählerin: Beim Neckbreaker greift man den Kopf des Gegners von hinten, dreht sich um und lässt sich nach unten ins Sitzen fallen, sodass der Nacken des anderen unsanft auf seiner Schulter landet und im Idealfall gebrochen wird.)

SCHOCK

Jeder konnte mit dem Schock machen, was er wollte. Wenn man sich im Schockzustand befindet, kann man ihn nicht nutzen, das nennt man Starre. Der Schock entfaltet sein ganzes Potenzial erst, wenn die Starre vorbei ist. Der, bei dem der Schock als Erstes vorbei sein würde, hat dabei die besten Chancen, den Zustand nach der Starre für sich zu verwenden, denn die anderen sind ja dann immer noch unter Schock.

Vielleicht sollte ich den Liebhaber einfach mal zu einem Candle-Light-Dinner oder etwas in der Art einladen, wir hatten so was noch nie gemacht. Eigentlich waren wir schon von Anfang an recht unromantisch mit unserer Beziehung gewesen, aber es konnte ja auch nicht sein, dass ich jetzt einfach noch einen zweiten Mann hatte. Was sollte das für einen Sinn haben? Eine Liebhaberbeziehung hat in erster Linie die Aufgabe, aufregend oder romantisch oder leidenschaftlich zu sein oder am besten alles zusammen. Das Internet glaubte, kleine Überraschungen würden helfen, die Spannung aufrechtzuerhalten. Aber ein Candle-Light-Dinner? Wahrscheinlich interessierte ihn das genauso wenig wie mich.

Ich musste jetzt ohnehin erst mal einen Haufen Spamnachrichten loswerden, die mir allesamt Atemschutzmasken und anderes Schutzzubehör versprachen. Der Preis einer Atemschutzmaske war in den vergangenen sechs Wochen um 1800 % gestiegen.

TIERE

Ich beobachtete jetzt, wenn ich am Küchentisch saß, häufiger den Kirchturm, also eigentlich nicht den Kirchturm, sondern die Vögel, die da neuerdings immer herumflogen. Sie mussten erst vor Kurzem von irgendwo gekommen sein, auf jeden Fall waren sie neu im Dorf. Es handelte sich um einen Milan und ein paar Mauersegler. Wie viele es wirklich waren und wo sie sich genau eingenistet hatten, war schwer zu sagen. Der Liebhaber, der von seinem Küchentisch aus auch auf den Kirchturm schaute, sagte, es seien vier Milane, aber das halte ich für übertrieben, es waren höchstens zwei. Die Mauersegler verbringen ihr ganzes Leben in der Luft und sind Virtuosen des Fluggeschäfts. Der Liebhaber sagte, die Mauersegler seien Turmfalken und wohnten im Kirchturm, aber das konnte ich mir nicht vorstellen. Wie sollen Turmfalken sich mit Milanen verstehen?

Bei meiner Recherche zu der Zombieserie bin ich auf einen Wurm gestoßen, der in Schnecken kriecht und sich in ihren Fühlern als Raupe ausgibt, um so von Vögeln gefressen zu werden und wieder in die nächste Schnecke zu gelangen. Also, in die Schnecke gelangt der Saugwurm als Larve über Vogelkot. Sobald die Schnecke den Vogelkot in sich aufgenommen hat, und die Wurmlarve im Verdauungstrakt der Schnecke angekommen ist, entpuppt sie sich dort als Wurm und fängt an, Schläuche zu produzieren, die sich durch die Schnecke ziehen. Die Schläuche füllen bald die ganze Schnecke aus, auch ihre Fühler, die dann nicht mehr aussehen wie Schneckenfühler, sondern wie Raupen. Die angeschwollenen Fühler fangen an zu pulsieren und strecken ihre grün-schwarz glänzenden Streifen ins Sonnenlicht. Normalerweise würde eine Schnecke ja niemals so im Sonnenlicht sitzen, aber der Wurm in der Schnecke hat die Schnecke dazu veranlasst, sich nicht wie sonst im Schatten der Blätter aufzuhalten, sondern sich ins Licht zu begeben, wo die Vögel, die sich für Raupen interessieren, sie entdecken und ihnen die Fühler vom Kopf reißen. Auf diese Weise befinden sich die neuen Larven des Wurms wieder im Vogel.

Das war wirklich genial. Genau so stellte ich mir eigentlich die Zombiegeschichte vor, also mit so einem genialen Kniff, der dann alle total überrascht und bei dem man sich wirklich nur noch fragen konnte, wie die Autorin auf so eine geniale Idee gekommen war. Und wenn man mich dann interviewen würde, wie ich denn bloß auf diese Idee gekommen bin, dann würde ich das mit dem Saugwurm erzählen.

GEWOHNTE WELT

Mein ganzer schöner Plan war durcheinander. Ich hatte es so eingerichtet, dass mir vor dem Yoga knapp 20 Minuten Zeit blieben, um in einem Discounter zwei große Ikeataschen voll mit Lebensmitteln zu packen. Später, wenn ich einmal viel mehr Zeit haben werde, kaufe ich natürlich auf dem Markt ein und tratsche mit den Markthändlern, die ich dann schon kennen werde, oder ich freunde mich mit der Inhaberin des Dorfsupermarkts an. Aber vorerst hastete ich noch durch die Gänge des Discounters. Dabei war es wichtig, gerade über so wenig Zeit zu verfügen, dass ich nur schnell durch die Gänge laufen und nicht lange überlegen konnte. Zum Yoga kam ich dann als Letzte oder Vorletzte und musste mir ganz schnell die Kleider vom Leib reißen. Am Ende der Yogastunde, während der Tiefenentspannung, hatte ich dann Gelegenheit, die ganze Woche zu überdenken. Ich kann nie so gut denken, wie wenn alle versuchen, nichts zu denken und tiefenentspannt sind. Von außen war mir natürlich nichts anzumerken. Ich wirkte genauso tiefenentspannt wie die anderen. Aber jetzt, da es keine Yogastunde mehr gab und ich auch nichts überdenken konnte, stand ich viel zu lang zwischen den Regalen des Discounters und las mir die Inhaltsstoffe durch.

Von der gewohnten Welt war nur noch der Discounter geblieben, alles andere stand unter Quarantäne. Die gewohnte Welt ist der Zustand wie es immer ist, also so wie jeder Einzelne seine Welt erwartet zu sein. Es gibt nicht eine gewohnte Welt, sondern genauso viele gewohnte Welten wie Menschen.

Selbst der Liebhaber ist mittlerweile Teil der gewohnten Welt geworden, was bei einem Liebhaber eigentlich nicht passieren soll. Aber wenn man sich von etwas nicht trennt, gewöhnt man sich automatisch daran. Die gewohnte Welt kann so beruhigend sein wie sie will, irgendetwas Essenzielles fehlt ihr immer.

HONKA, BAR DES VERGESSENS III

Geraldine hatte sich also in den Dorfsupermarkt geflüchtet oder war vielmehr von der Supermarktinhaberin hineingerissen worden und wurde damit vor den Zombies gerettet. Die Supermarktinhaberin hieß jetzt Xenia. Sie hatten sich in einem schon länger nicht mehr benutzten Kühlraum verschanzt. Das war nicht bequem, aber die Tür war wenigstens sicher, falls die Zombies die Schaufenster durchbrechen. In einem Gespräch, das sehr schnell sehr offen geführt wird, erzählt Xenia Geraldine, dass ihr Leben eh verpfuscht und es also quasi egal sei, ob sie nun auf diese oder jene Art stirbt.

»Das weißt du doch nicht. Es kann noch so viel passieren in deinem Leben. Und meistens passiert es, wenn du gar nichts mehr erwartest.«

»Na, dir vielleicht. Du bist jung, siehst gut aus, dir steht die Welt offen.«

»Stand. Jetzt sitze ich hier mit dir in einem alten Kühlhaus, belagert von untoten Körperfressern und wir haben keine Chance hier rauszukommen.«

»Du hast ja recht. Wenn man nicht vorgesorgt hat, so wie Max, dann sieht es jetzt düster aus.«

Geraldine horchte auf. »Max? Welcher Max, was ist mit dem?«

»Prepper ist der. Schon mal gehört?«

– Na ja, und dann stellt sich noch heraus, dass dieser Max Bunker und Lager und alles Mögliche hat und außerdem auch einen Spleen für alte Fahrzeuge der Volksarmee. Geraldine wird hellhörig.

»Was? Und das sagst du mir jetzt?«

»Hast ja nicht gefragt.«

»Wo ist dieser Max? Wir müssen uns zu ihm durchkämpfen.«

»Durchkämpfen. Du bist gut.«

– Also, Xenia hat eine Herzschwäche oder so was und deswegen kann Geraldine nur allein gehen. Sie verspricht, dass sie mit Max zurückkommt und sie abholt. Aber was dann?

Oder ich schick vielleicht erst mal einen ganz groben Entwurf an die von Amazon, ob das überhaupt die Richtung ist, die sie sich denken.

FRÜHLING

Wenn die Natur kein Ziel hat, kann der Mensch auch kein Ziel haben, und schon gar kein höheres. Der Virus hat kein Ziel und denkt auch nicht, dass er ein Ziel haben könnte. Die Wildnis hat kein Ziel, aber der Garten meiner Mutter schon. Also, meine Mutter hat natürlich das Ziel und der Garten ist ihr Mittel.

Von einem Tag auf den anderen war es Frühling geworden. Der Aprikosenbaum blühte und die Veilchen blühten und die Osterglocken blühten auch. Die Weidenkätzchen waren bereits herabgefallen und verloren im nassen Gras schnell ihr Kätzchenhaftes. Seit ich die Zombieserie schrieb und mich für alle Arten von Parasiten und Wechselbeziehungen in Ökosystemen interessierte, sah ich meine Umgebung mit anderen Augen. Ich betrachtete zusammen mit dem Liebhaber die Apfelgespinstmotte. Er zeigte auf ein kleines Spinnennetz in seinem Apfelbaum, aber ich konnte keine Motte darin erkennen.

»Wollen wir mal ein Picknick machen, nur wir zwei?«, fragte ich ihn. Der Liebhaber war von der Frage genauso überrascht wie ich. Vor allem der Zusatz, nur wir zwei, machte die Frage verdächtig, weil wir ja ohnehin immer nur Dinge zu zweit machten. Der Liebhaber wollte aber mich und meine Frage nicht auffliegen lassen, oder vielleicht wusste er auch genauso gut wie ich, dass es so nicht weitergehen konnte, und sagte: »Ja, gerne«, und lächelte mich an.

Zehn Tage nach dem Lockdown in Italien hieß es, dass in den Kanälen von Venedig wieder Delfine aufgetaucht wären. Also, vielleicht waren sie auch schon die ganze Zeit über da gewesen und man hatte sie im schmutzigen Wasser nur nicht sehen können. Die ganz Alten erinnerten sich noch, in den Kanälen früher mal Delfine gesehen zu haben und gaben darüber Interviews, damit auch mal wieder was Schönes im Fernsehen kam. Die Kamera schwenkte vom türkisklaren Kanalwasser hinauf zu den Menschen an den Balkonen und Fenstern, die mit ihren Smartphones dastanden und darauf warteten, dass es endlich einen Delfin zu sehen gab.

STAATSOBERHÄUPTER

Das Staatsoberhaupt ist die an der Spitze stehende Person, die mit ihren Entscheidungen die Geschicke eines Staates lenkt. Das Staatsoberhaupt ist beauftragt, den Staat zu vertreten und weiß also, was für seinen Staat das Beste ist. In den Nicht-Diktaturen wurden Machtgefüge erstellt, sodass die Macht sich auf verschiedene Säulen verteilt und sich nicht in dem Staatsoberhaupt allein bündelt. Der starke Mann aber, der immer wieder gern die Rolle des Staatsoberhaupts übernimmt, spürt instinktiv, dass für eine starke Führung geteilte Befugnisse eher hinderlich sind und versucht, so gut es geht, die Macht auf sich zu konzentrieren.

Durch den Angriff des Virus sahen viele starke Männer die Chance gekommen, ihre Befugnisse auszuweiten und taten das dann auch. Das durch die Bedrohung verunsicherte Volk konnte gar nicht schnell genug reagieren, schon hatte der Ausnahmezustand eine Änderung der Rechtslage herbeigeführt.

KONSOLIDIERUNG

Ich spürte, wie es hinten in meinem Hals hinunterrann. Nicht viel, aber deutlich. Das Virus konsolidierte sich in Mund- und Rachenraum. Dort hatte es bei mir optimale Bedingungen vorgefunden und wurde von meinen Zellen reproduziert. Die überschüssigen Viren fielen dann als Tröpfchenschleim in die Lunge, wo sie sich, jedes Virion in ein Lungenbläschen, einnisteten und sich auf exponentielles Wachstum freuten. Außerdem hatte ich Ohrenschmerzen, und das ist bei mir immer das erste Anzeichen für Fieber. Alle im Supermarkt waren viel zu nah an mir dran, ich rammte mit dem Einkaufswagen gegen die anderen Einkaufswagen und garantiere so den ordnungsgemäßen Mindestabstand. Das hatte ich in einem Video aus Italien gesehen, da standen die Leute vor den Geschäften an und jeder hatte schon einen Einkaufswagen, damit keiner einem anderen zu nahe kam.

Ich sah uns schon vor mir: Alle in Betten auf dem Krankenhausflur und es werden immer noch neue hereingebracht. Ich will fragen, ob die bestellten Beatmungsgeräte schon da sind, aber ich finde niemanden, der hier irgendetwas weiß. Die Männer in Schutzanzügen, die vorbeigehen, sind nur Fahrer, wie sie sagen. Den einen kenne ich, der hat doch früher das Gülleauto gefahren. Das hat er dann immer bei uns vors Haus gestellt und sich zu Mittag zwei Bockwürste im Dorfsupermarkt geholt. Ich rufe nach einem Arzt, aber keiner fühlt sich angesprochen. Die anderen schauen mich böse an, weil sie ja auch alle auf einen Arzt warten. Ich hoffe nur, dass der Arzt überhaupt noch lebt.

VERSANDHANDEL

Das Buchgeschäft, mit dem alles angefangen hatte, das aber im Vergleich zum Aufwand eher nicht so viel abwarf, wurde hintangestellt. Erst sollten die wichtigen Dinge versendet werden, die die Menschen dringender brauchten. Also Haushaltswaren, Drogerieartikel, Spielzeug und Babysachen, Kleidung und Schuhe, Sportartikel, Werkzeuge und Baumaterialien, Laptops und so weiter. Die Bücher, die noch die Lager füllten, wurden erst mal an die Verlage zurückgeschickt.

Eigentlich hatte sich der größte Versandhändler schon ein bisschen aus dem Versandhandel herausgezogen gehabt, denn es lief ja auch ohne ihn ganz gut. Als neue Herausforderung, die der Menschheit zugute käme, hatte er sich mehr und mehr den Geschäften mit Satelliten und Raketen zugewandt. Aber jetzt, da er spürte, wie sehr man ihn brauchte, war die Energie wieder da und die Vision, den gesamten Welthandel zu übernehmen schien greifbarer als je zuvor.

100.000 neue Arbeitskräfte werden ab sofort gesucht. Für wie lange die Entlassenen aus den anderen Gewerben den neuen Job bekommen würden, konnte der Versandhändler noch nicht sagen. Aber wenn die Menschen erst mal gemerkt haben, wie einfach es ist, wenn einem alles vor die Haustür gelegt wird, würden sie sich wohl kaum auf das umständliche Shopping aus alten Zeiten zurückbesinnen. Und viele der Einzelhändler von davor würde es ja dann auch gar nicht mehr geben.

UNSICHTBAR II

Jetzt war sie auf einmal da, die Front, die man vorher nur geahnt hatte. Endlich gab es eine Handhabe. Wie genau man diese einsetzen würde, wusste man noch nicht, aber man hatte sie jedenfalls schon mal in der Hand, die Handhabe.

Die Supermarktbesitzerin hat es gleich gesagt und die an der Kasse auch. Ohne die aus der Stadt hätte der Virus es niemals hier hergeschafft. Da hätten sie einfach die Schotten dichtgemacht und nichts wär gewesen.

Aber die Dörfer, die sonst wie ausgestorben waren, da sie nur an den Wochenenden und zur Entspannung gebraucht wurden, waren nun gut gefüllt. Jetzt, da man in der Stadt eingesperrt war, die Schule und das Kulturangebot gestrichen, waren sie auf einmal alle da, mit ihrem scheißfreundlichen Grinsen und ihren schick angezogenen Gören. Und mit ihnen, wenn man eins und eins zusammenzählte, natürlich auch der Virus.

Ihre Autos mit den verräterischen Kennzeichen versteckten sie lieber bei sich im Garten, aber nachdem sie in dem kleinen Dorfsupermarkt noch eingekauft hatten, was sie in der Stadt vergessen hatten, schauten sie dann doch bei mir vorbei. Die Inhaberin des Supermarkts konnte gar nicht anders, als das ganz genau zu registrieren, denn von der Kasse aus blickte sie durch die Fensterfront direkt auf mein Haus und wusste damit über alle Vorgänge bestens Bescheid. Und weil ich das auch wusste, entschied ich, unten den Riegel vorzuschieben und mich hinterm Vorhang zu verstecken. Als mein Performancefreund mal wieder vor meinem Haus stand und hochrief, ob ich Druckerpapier übrig hätte, zischte ich nur hinter dem Vorhang hervor, er solle weggehen, ich hätte kein Druckerpapier und wenn ich jemals wieder welches fände, würde ich es ihm bringen und vor die Tür legen.

Am besten wäre es gewesen, dachten viele, man hätte es so gemacht wie im nächsten Bundesland, wo die Polizei die Wochenendhäuser abklapperte und jeden, der dort nicht mit seinem ersten Wohnsitz gemeldet war, bat, doch besser wieder abzureisen.

EXPERTEN

Der zweite Top-Virologe war schlau, und indem er sagte, dass der erste Top-Virologe etwas unvorsichtig gewesen sei mit der einen oder anderen Äußerung, die dann von der Regierung so übernommen und unhinterfragt umgesetzt wurde, ohne davor noch mal einen anderen Top-Virologen zu fragen, konnte er sofort punkten.

Später tauchten immer mehr Experten auf, denn die Meinung von Experten war wichtiger als alles andere. Es ging ja auch darum, Vertrauen aufzubauen. Der erste Top-Virologe war daraufhin der Mega-Virologe geworden, weil angefangen mit dem zweiten Top-Virologen irgendwann einfach zu viele Top-Virologen aufgetaucht waren. Wenn einer der Top-Virologen sich traute, die Sache zu relativieren oder gar den Virus herunterzuspielen, hatte er zwar kurzzeitig die Chance auf eine Menge Klicks, aber auf einen Schwall von Hass musste er sich auch gefasst machen. Und ob er danach immer noch Top-Virologe sein konnte, war mehr als ungewiss. Nur der Mega-Virologe blieb unverrückbar Virologe 1.

GEFAHR

Die, die einem sonst am nächsten sind, sind jetzt die Gefährlichsten, habe ich ihr gesagt. Aber meine Mutter wollte das einfach nicht begreifen. Ich hatte extra eine kleine Wohnung organisiert, in der sie sich hätte verstecken können und mit nichts und niemandem mehr Kontakt hätte haben müssen. Das war alles, was ich für sie tun konnte. Sie hat mich angesehen, als würde ich sie verbannen wollen, und dann ist sie, ohne noch etwas zu sagen, in den Garten und hat Möhren und Fenchel gesät. Die Küchenabfälle, die sie gerade klein geschnitten hatte, blieben einfach so auf der Kücheninsel liegen.

Am Nachmittag ist meine Mutter dann in die Apotheke, um Desinfektionsmittel zu kaufen. Die Apothekerin hat freundlich gelächelt, aber jetzt lächelte sie hinter einer großen Plexiglasscheibe, die ihr der Klempner von gegenüber aus einer Duschwand gebaut hatte. Unten gab es ein kleines Loch, für das Geld, und zur Ausgabe der Medikamente. Meine Mutter hat die Apothekerin hinter der Plexiglasscheibe gar nicht mehr richtig verstanden, so leise war sie auf einmal. Meine Mutter rief laut, dass sie Desinfektionsmittel wolle, aber die Apothekerin sagte, das hätten sie nicht. Ob sie es denn wieder bekämen, fragte meine Mutter laut, aber da schüttelte die Apothekerin nur den Kopf und sagte, Desinfektionsmittel sei auf der ganzen Welt ausverkauft.

Später hat der Mann aus der Werkstatt noch eine halbvolle Flasche Spiritus geholt, das desinfiziert ja auch, hat er gesagt, und wir haben alles, was uns besonders infiziert vorkam, mit Spiritus abgewischt. Wir wussten nicht genau, was wir abwischen mussten und was nicht, aber Staub haben wir ja so gleich mit gewischt, und das war auch nötig. Seit wir auf der nie endenden Baustelle wohnten und die Baustelle immer weiter wanderte und wir davor weg, war immer alles gleich wieder eingestaubt. Mitten im Desinfizieren habe ich dem Mann gesagt, dass ich jetzt eine Zombiegeschichte schreibe, weil die andere Sache wegen dem Virus erst mal auf Eis gelegt wurde. Ein bisschen gewundert hat er sich schon, aber dann meinte ich, dass es für die Zombiegeschichte auch viel mehr Geld gäbe und sie außerdem viel zeitgemäßer sei. Zum Schluss habe ich noch den Autoschlüssel desinfiziert und dann war die Flasche leer.

HONKA, BAR DES VERGESSENS IV

Geraldine wusste, dass sie es schaffen konnte. Sie hatte das Zeug dazu. In der Hand hielt sie ein Sturmfeuerzeug und in einer Umhängetasche, in die sie leicht hineingreifen konnte, hatte sie Haarspray und Insektenvertilgungsmittel verstaut. Das Zeug brannte wie Zunder, und wenn die Dosen genügend Druck hatten, gingen die Flammen fast zwei Meter weit. Das würde den Biestern bestimmt nicht gefallen. Hoffte Geraldine zumindest, sonst war sie verloren.

Kein Zombie in Sicht. Sie hatten es von allen Fenstern aus kontrolliert. Vorsichtig öffneten sie die Tür am Kellerabgang. Geraldine schlich hinaus und Xenia nickte ihr noch einmal mit einem verschwörerischen Blick zu. »Du schaffst das. Ich zähl auf dich.«

Geraldine nickte kurz zurück und seufzte ein letztes Mal, bevor Xenia die Tür hinter ihr zuzog und den Schlüssel zweimal im Schloss herumdrehte.

Es war fast friedlich, als Geraldine sich, einen Fuß

vor den anderen setzend, über den Platz bewegte. Nichts war zu sehen. Ihr altes Haus kam ins Blickfeld, ein Relikt des alten Lebens, das es so nie wieder geben würde. »Warum nicht?«, dachte sie bei sich. »Ich gehe kurz hinein und hole die Walkie-Talkies, mit denen die Kinder immer so gerne gespielt haben.« Der Schlüssel lag nicht an seinem Platz. Hatte wirklich niemand das Haus verlassen und abgeschlossen? Sie war bis zum Zerreißen gespannt, was sie hinter der Tür erwarten würde, da fiel ihr der Schriftzug auf, den jemand in Schreibschrift mit einer schwarzen Spraydose über die Tür gesprüht hatte: *Honka*. Was sollte das denn bedeuten? Ganz leise und vorsichtig drückte sie die schwere alte Holztür auf, die ihr typisches Knarren von sich gab. Es dauerte einen Moment, bis sie realisierte, dass das nicht mehr ihr Haus war.

Als Geraldines Augen sich an die Dunkelheit gewöhnt hatten, erkannte sie, dass in den Nischen überall Untote herumlungerten, die jetzt alle in die Richtung guckten, aus der das Knarren der Tür gekommen war. Ruckartig drehte sie sich um, aber auch hinter ihr kamen die Zombies schon auf sie zu. Blitzschnell griff sie zu einer Dose Haarspray, die versprach, besonders viel Volumen und Halt zu geben. In dem Moment, als das Sturmfeuerzeug zündete, schoss auch schon eine Stichflamme meterweit aus der Spraydose. In Sekundenbruchteilen sackten die ersten Zombies vor ihren Füßen in sich zusammen. Die anderen wichen zurück, sie schienen einen Heidenrespekt vor den Flammen zu haben. Das war es also! Damit konnte man sie bekämpfen! Schritt für Schritt trat sie den Rückzug an, wieder auf den Platz und dann weiter. Sie entdeckte eine freie Stelle und rannte los. Nach 50 Metern drehte sie sich noch einmal um und schaute auf ihr früheres Haus zurück. Es brannte lichterloh. »Vielleicht besser so«, dachte sie und setzte ihre Mission fort.

BOKASHI

Vielleicht war es eine Drohung gewesen oder zumindest ein Warnschuss. Ich sollte schon einmal einen Vorgeschmack bekommen, wie es ist, wenn meine Mutter gegangen sein wird. Auf jeden Fall rührte sie die Gemüsereste und den Bokashi-Eimer nicht mehr an. Ich schnitt die Bananenschalen und das Fenchelgrün, das nach unserem letzten Disput auf der Kücheninsel liegengeblieben war, noch kleiner und füllte die Reste in den Bokashi-Eimer. Wenn man kleingeschnittene Küchenabfälle in einem Eimer zusammenpresst und regelmäßig mit effektiven Mikroorganismen besprüht, wird nach gewisser Zeit die fruchtbarste Erde daraus. Also, zuerst wird Bokashi daraus, das sind die fermentierten Küchenabfälle und wenn man die dann mit Kompost mischt, wird die fruchtbarste Erde daraus. Meine Mutter war für die Schichtung im Eimer zuständig und das Besprühen mit effektiven Mikroorganismen und wenn der Eimer dann voll war, mussten der Mann oder ich ihn runtertragen. Außerdem musste alle paar Tage die zusammen gelaufene Gärsuppe abgelassen werden. Meine Mutter füllte den Saft in alte Gurkengläser und die standen dann so lange bei uns herum, bis jemand das Elixir gebrauchen konnte. Man kann den Bokashi-Saft 1:100 mit Wasser mischen und damit jede Pflanze heilen, oder auch den Abfluss oder den Geschirrspüler reinigen. Bokashi-Liebhaber sagen, Bokashi stinke nicht, weil milchsaure Gärung nun mal nicht stinkt, sondern höchstens sauer riecht, und wenn man weiß, wozu Bokashi in der Lage ist, kann man sogar glauben, dass es gut riecht, aber eigentlich stinkt es schon ein bisschen, und wenn man den Bokashi in seinem Eimer nicht einfach vergessen will, dann macht es auch noch richtig viel Arbeit.

Ich hätte unbedingt dem Redakteur mal von der Bokashi-Methode schreiben sollen, als wir uns noch über so etwas ausgetauscht haben. Aber ich wusste ja nicht einmal, ob er in einer Wohnung wohnte, mit Balkon oder ohne, oder vielleicht sogar in einem Häuschen mit einem kleinen Garten. Die Bokashi-Methode eignet sich für alle, auch für Menschen in der Stadt. Man kann den Bokashi-Saft an die Bäume in seiner Straße gießen oder den Pflanzen in den Parks etwas Gutes tun. Wahrscheinlich rechnete er insgeheim damit, dass er bald wieder eine neue Version unseres Projekts bekommen würde, die dann wieder näher an der Anfangsidee dran wäre, aber da würde ich mich erst mal wieder richtig darauf einlassen müssen. Ich schrieb, dass es mir leid täte, dass ich mich so lange nicht gemeldet hatte, ich sei im Moment ziemlich beschäftigt mit einer Zombieserie für Amazon, würde aber noch oft an die inspirierenden Gespräche zur Entwicklung unseres Projektes zurückdenken, außerdem hätte ich einen fantastischen Linsenaufstrich probiert, und der wäre richtig toll zum Frühstück auf einer Scheibe Pumpernickel.

ORDNUNG

Aufspießen und ordnen. Tausende von Käfern und Schmetterlingen wurden aufgespießt und nach ihren Merkmalen sortiert. Pflanzen wurden gepresst, größere Tiere ausgestopft, Geweihe und Gebeine nach Größe und Art sortiert, Sedimente analysiert und Fossilien kartografiert. Die belebte Natur wurde von der unbelebten getrennt, Pflanzen von Tieren, Pilze von Hefen, und diese schließlich alle in Gattungen, Arten und Familien, Kategorien und Unterkategorien eingegliedert. Jeder und alles wurde in Stammbäume eingetragen. Man musste Stammbäume über Stammbäume zeichnen und wenn man sie dann lang genug betrachtete, erkannte man die Struktur. Die komplizierten und weit entwickelten Lebewesen kamen nach oben und die ganz einfachen nach unten und wie durch ein Wunder stand auf einmal ganz oben der Mensch. Die Krone der Schöpfung, wer hätte das gedacht? Na ja, ein bisschen so ein Gefühl hatte man ja von Anfang an gehabt.

ORDNUNG II

Die Natur lässt ihre Kinder in größtmöglicher Freiheit aufwachsen, alle Risiken eingeschlossen. Sie hat alle gleich lieb, und auch wenn ihre Kinder noch so verschieden sind, jeder bekommt die gleiche Chance, wenn er nur ein Eckchen findet, in dem er sich ausprobieren möchte. Sie hat unendlich viel Geduld und schaut dem Treiben gelassen zu. Trotzdem gibt es Regeln. Das hat auch der Mensch erkannt und nennt diese Regeln Naturgesetze. Wer gegen Naturgesetze verstößt, der hat ein echtes Problem.

KADAVER

Bei einem Abendessen mit Freunden hatte sich *Amazon* als schnell Favorit herausgestellt. So einen Versandhandel ins Internet zu bringen, darauf musste man erst mal kommen. Im Grunde lag es ja auf der Hand, aber das sind eben manchmal die am schwersten zu findenden Ideen, am Ende dann aber auch die besten. Eigentlich hatte er die Idee ja zusammen mit einem Freund gehabt, aber dann musste er es doch alleine durchziehen. Das erste Buch wurde kostenlos rumgeschickt, damit die Leute überhaupt mitbekamen, dass es Bücher jetzt online gab, also zu kaufen, nicht zu lesen. Das Unternehmen, das erst *Cadabra* heissen sollte, dann aber, als sich herausstellte, dass Cadabra am Telefon wie Kadaver klang, *Relentless* heissen sollte, und schließlich den Namen Amazon trug, wuchs und wuchs und kaufte immer mehr andere Online-Buchhandlungen, bei denen es nicht so gut lief. Amazon war absolut die richtige Entscheidung gewesen, immerhin war das Internet zu dieser Zeit noch alphabetisch geordnet und so war Amazon immer der erste Treffer. Bald schon war es dann das bekannteste Unternehmen und es bot sich an, ein eigenes Logistikzentrum zu bauen und in den Schuhhandel einzusteigen und ins Musik- und Film- und Spielegeschäft und ins Modegeschäft, erst nur Handtaschen und Accessoires, dann den Rest und später alles. Es kam die Zeit, als man fast jedes Produkt, das man sich nur vorstellen konnte, bei diesem Unternehmen kaufen konnte. Und wenn man einen Zusatzvertrag abschloss und jeden Monat eine gewisse Grundgebühr zahlte, bekam man die Ware gleich am nächsten Tag zugestellt. Das Unternehmen war sogar schon dabei, ein System zu entwickeln, das die Lieferung ausführte, bevor man ein Produkt überhaupt bestellt hatte. Es müssten nur noch ein paar Gesetze geändert und Algorithmen programmiert werden, aber das waren eigentlich nur noch Formalitäten.

ZAHLEN

Die Zahlen stiegen exponentiell und jeder konnte ihnen im Internet dabei zuschauen. Die Politiker und ihre Ratgeber starrten auf die Kurve und warteten sehnsüchtig auf die Delle, die die Wirksamkeit ihrer Maßnahmen abzeichnen sollte. Aber die Kurve ging weiter steil nach oben, und zwar so steil, dass sie jetzt in den Karten schon den Maßstab verändern mussten, sonst passte das alles nicht mehr in die Grafiken.

Selbst hier auf dem Land, fern von den Ballungszentren, begann die Karte sich langsam zu verfärben. Erst war nur die Stadt der dunkle Fleck, also es gab natürlich noch dunklere Flecken im Süden und im Westen, doch der Osten des Landes war, bis auf die Hauptstadt, schön blassrosa. Aber dann fand der Virus doch Mitfahrgelegenheiten oder wurde abgeholt und auch das Land färbte sich dunkelrosa. Erst gab es kleine Punkte um die Stadt herum, und dann fingen diese Punkte an zu blühen und wurden größer, bis schließlich auch der Osten ganz bordeaux war.

Wie konnte der Mann da einfach schlafen? Schon eine Weile atmete er wieder ganz gleichmäßig, als ob ihn das alles nichts anginge. Aber es ging ihn etwas an, es ging uns alle etwas an. Ich rüttelte an ihm, aber er drehte sich nur weg und schlief einfach weiter.

Ich musste aufstehen, ich konnte keinen Moment länger liegen bleiben. Der Linsenaufstrich war schon angetrocknet und ich nahm eine von den Wienern aus dem Kühlschrank, die die Kinder vom Metzgerauto bekommen hatten, und setzte mich mit meinem Computer in die Küche. Auf einer anderen Seite im Internet entdeckte ich eine viel bessere Auflistung von allen möglichen Zahlen und man konnte dabei zusehen, wie sie sich veränderten. Man konnte sowohl sehen, wie ein immer neuer Mensch dazukam, also die Größe der Menschenpopulation konnte man sehen, als auch die der Tode, einmal aufs Jahr hochgerechnet und einmal die der heutigen Tode. Es gab dort aber auch noch andere sehr interessante Zahlen. Computer, die verkauft wurden, E-Mails, die geschickt wurden, Google-Suchen, Öl, Erdgas, eben alles. Ich beobachtete die Reihe an Zahlen, die rauf- oder runterzählten, dann holte ich mir noch die zweite Wiener. Ich hatte seit über einem Jahr kein Fleisch mehr gegessen. Wenn man sich ganz tief in den Geschmack hineinfühlte, konnte man in der Wiener die roten Blutkörperchen erschmecken, ein bisschen so wie wenn man sich den Finger ableckt, nachdem man sich geschnitten hat. Auch das Fett und die Brühe, die als Gewürz hinzugesetzt worden war, konnte man deutlich schmecken. Man musste sich einen Takt überlegen, dann erkannte man, dass für jeden neuen Menschen, um den die Menschenpopulation anstieg, ungefähr 200 Fässer Öl dazukamen, ungefähr tausend in der Sekunde, also Fässer. Und für jeden Zweiten kam auch noch ein Auto dazu. Irgendwie hatte das eine beruhigende Wirkung auf mich und nach ungefähr zwei Stunden war ich so müde, dass ich mich endlich wieder hinlegen konnte.

TALKSHOW

Ein Peak ist ein zeitlicher Spitzenwert, also der Zeitpunkt, an dem ein Wert am größten ist. Vorher weiß man meistens nie, wann der Peak sein wird, aber solange es weiter nach oben geht, ist der Peak jedenfalls noch nicht erreicht. Erst, wenn der Wert schon eine Weile nach unten gegangen ist, würde man wissen, dass das davor der Peak gewesen war. In der Talkshow warteten sie jetzt schon die dritte Woche auf den großen Ansturm, also den, der das Gesundheitssystem überlasten und schließlich lahmlegen würde. Die Talkmasterin nickte in die Richtungen, aus denen die Stimmen kamen, und wenn eine Stimme verstummte, dann sagte sie »Mhm« und schaute zu irgendjemand anderen in der Runde, oder zu dem kleinen grünen Männchen auf dem Schild, das immer auf der Flucht war, Sendung für Sendung. Sie durfte nicht zu lang auf so einen sich öffnenden und schließenden Mund blicken, dann wurde er zu einem riesigen Schlund, der sie auf seltsame Weise in sich hineinziehen und verschlucken wollte.

SCHWEDEN

Es gab nur ein Land auf der ganzen Welt, das es wagte, nicht alles dichtzumachen, obwohl es sich das hätte leisten können. Natürlich wurde auch dort an das Verantwortungsgefühl der Bürger appelliert, ihre sozialen Kontakte so gut es ging einzuschränken, aber Bars und Schulen, im Grunde alles, bis auf Großveranstaltungen, blieb so, wie es immer war. Es war nicht leicht, es nicht auch so zu machen wie alle anderen Länder, und jeden Tag musste man aufs Neue der Versuchung widerstehen. Die übrige Welt schaute regelmäßig auf die aktuellen Bilder der Menschen des nordischen Landes, die in Gruppen draußen in der Sonne vor den Cafés saßen und unbeschwert aussahen, und konnte es kaum erwarten, dass die Zahl der Toten in die Höhe schnellen würde. Anders konnte es ja gar nicht sein, durfte es nicht sein. Und wenn die Kurve erst mal schnellte, dann würden sie schon sehen, was sie davon hatten, dann würden sie es bereuen, so leichtsinnig gewesen zu sein. Dann würden sie um Hilfe betteln, aber die anderen Länder wussten nicht, ob sie dann noch helfen konnten.

AUSNAHME

»Legst du bitte das Spielzeug weg!«

Beim Essen gibt es kein Spielzeug am Tisch. Nein, auch heute nicht. Ausnahmen kann es einfach nicht geben. Hat eine Ausnahme es mal geschafft, dann existiert die Regel bereits nicht mehr. Jedes Kind weiß das und legt es darauf an. Natürlich ist heute Unterricht, jeden Tag ist Unterricht, warum sollte heute kein Unterricht sein? Und morgen muss ein anderer Elternteil der oder die LehrerIn sein, denn da bin ich im Liebhaberhaus, das hat es schwer genug gehabt, eine Regel zu werden. Das darf man nicht leichtfertig aufgeben, da wäre man ja schön dumm.

Als ich mit dem Liebhaber auf der Decke saß, die wir an eine etwas windgeschützte Stelle nahe einer Waldlichtung gelegt hatten, war mir ziemlich schnell klar, dass es sich bei dieser Veranstaltung um eine Ausnahme handelte. Dem Liebhaber war das, glaube ich, auch klar, trotzdem sprachen wir nicht darüber. Allerdings ist ein Picknick ja sowieso immer eine Ausnahme, so wie Urlaub.

Jeder hatte ein bisschen was mitgebracht und wir verteilten das Essen auf der Decke. Dass der Liebhaber auch nur vegetarische Sachen dabeihatte, kam mir gleich irgendwie falsch vor. Ich weiß ja genau, wie sehr er Schnitzel und Speck und Wurstsalat liebt. Dass er jetzt Auberginencreme, Hummus und Bulgursalat mitgebracht hatte, einfach so, weil er eben Lust darauf gehabt hätte, nahm ich ihm nicht ab.

»Du isst ja nur wegen mir kein Fleisch«, stellte ich ihn zur Rede.

»Ja und? Ist doch ein guter Grund«, sagte der Liebhaber.

»Und bei dir zu Hause, isst du einfach wieder Fleisch?«

»Sag ich dir nicht.«

»Wenn du es nicht so meinst, hat das überhaupt keinen Sinn.«

Wenn ein Picknick schon so anfängt, dann kann das ja nichts werden. Wie ich es denn meine, wollte er von mir wissen.

»Ich füge keinem Lebewesen Leid zu. Aus Überzeugung«, sagte ich etwas pathetisch und blickte über das Kornfeld. Der Liebhaber sagte daraufhin nichts mehr, aber er dachte etwas, das war ganz deutlich zu spüren, und dann fragte er mich, ob wir nicht vielleicht mal eine Paartherapie machen sollten.

Nie mehr wollte ich drohen, hatte ich mir geschworen, sondern alles nur noch in freundlichem, ruhigem Ton sagen, aber dann ist es doch wieder passiert. Irgendwie war ich noch eine nette Lehrerin, als die Nachbarskinder auch noch mit dabei waren, aber dann kam die Kontaktsperre. In dem Zimmer, das ich immer noch Homeschool nenne, ist meine dunkelste Seite offen zutage getreten. Ich kann nur hoffen, dass meine Kinder sie wieder vergessen, bis sie groß sind. Die Pädagogen von der freien Schule hatten mir schon gesagt, dass ich das aushalten müsste. Also nicht die dunkle Seite, sondern dass meine Kinder erst dann lesen und schreiben lernen würden, wenn sie dazu bereit wären. Sie haben gesagt, dass das Ganze nur dann Sinn macht, wenn ich dazu bereit wäre, das auszuhalten und damit umgehen könnte. Und ich hatte Ja gesagt: »Ja, ich stimme diesem pädagogischen Konzept voll und ganz zu«, hatte ich sogar extra noch hinzugefügt. Aber die Kinder sind einfach nicht bereit, lesen und schreiben und rechnen zu lernen, und werden vermutlich auch niemals dazu bereit sein, weil sie zu überhaupt nichts bereit sind. Sie sind nicht bereit, ihr Zimmer aufzuräumen, nicht bereit, die Uhr zu lesen, und nicht bereit, nicht jedes Mal so viele Pfannkuchen zu essen, bis ihnen schlecht ist.

Ich weiß schon, zu der Zeit, als mir die Frage gestellt wurde, war es für mich einfach sehr praktisch gewesen, diesem pädagogischen Konzept zuzustimmen. Das war, als die Kinder noch in die Dorfschule gingen. In der Dorfschule waren die Kinder auch nicht zu irgendwas bereit, aber dort ist das aufgefallen und wurde geahndet. Sie sind ja nicht einmal bereit gewesen, mir die ganzen Zettel vorzulegen, die ihre Lehrerinnen ihnen mitgegeben haben, sodass ich dann in die Schule zitiert wurde und auch nicht wusste, was ich dazu sagen sollte. In der neuen Schule gab es keine Hausaufgaben mehr, die man nicht machen konnte, keine Schulsachen, die man vergessen konnte und überhaupt keine Regeln, die man hätte übertreten können. Meine Kinder mochten die neue Schule von Anfang an sehr. Ich hätte dem pädagogischen Konzept vermutlich noch viel länger zugestimmt, wäre es bloß nicht dazu gekommen, dass ich die Lehrerin meiner Kinder hätte sein müssen.

ICH UND DAS VIRUS

Die Welt steht still, nur noch die Nachtigall singt vor meinem Fenster. Seit die Nachtigall so laut singt, sind die Frösche nicht mehr zu hören. Wenn ich nachts wachliege, haben das Virus und ich nur noch uns. Wir sind dann ganz allein, alles andere ist belanglos geworden. Die Familie, die Freunde, alles ohne Bedeutung. Die haben ihre eigenen Viren. Die Klimakrise, die Flüchtlinge, die soziale Ungleichheit, steigende Mieten, Überbevölkerung, Kriege, alle drängenden und unlösbaren Probleme unserer Zeit waren mit einem Mal verschwunden. Abends ist das Virus viel aktiver als morgens, also eigentlich schon ab dem Nachmittag spüre ich, wie es meinen Körper beherrscht. Mein Körper ist dann damit beschäftigt, das Blut schneller durch mich hindurchzupumpen, davon wird mir ein bisschen schwindelig. Daraufhin steigt meine Körpertemperatur, mein Hals schwillt an, mein Ohr tut weh und trotz wunder Lippen habe ich das große Verlangen, jemanden zu küssen, der oder die nicht der Mann oder der Liebhaber ist. Natürlich weiß ich, dass es der Virus ist, der möchte, dass ich jemand Fremden küsse, weil den Mann und den Liebhaber hat es ja schon angesteckt. Ich weiß nicht, ob ich dem Virus den Wunsch erfüllen kann. Die Frage ist ja, wer sich jetzt überhaupt noch küssen lässt. Vor allem, wenn er oder sie meine erhöhte Temperatur bemerkt.

Und da wurde mir plötzlich klar, wie sehr das Virus mich eigentlich braucht. Dass es nur durch mich überhaupt leben kann. Wenn ich sterbe, stirbt das Virus auch. Vielleicht kann ich den Spieß also auch einfach umdrehen.

FAMILIE

Die Corona-Familie ist eine große Virusfamilie, ein Zweig der noch größeren Nestvirenfamilie. Die Ersten von ihnen wurden Mitte der 1960er-Jahre entdeckt und auf den Namen Corona getauft, weil ihre Fortsätze unter dem Mikroskop wie kleine Kronen aussahen. Coronaviren kommen in Mensch und Tier vor und verursachen meist grippale Infekte, Schnupfen mit Fieber. Die letzten Abkömmlinge hatten sich als Enttäuschungen erwiesen. Obwohl großes Aufheben um sie gemacht und ihretwegen sogar eine Pandemie ausgerufen worden war, hörte man von beiden erstaunlich schnell nichts mehr.

Mit SARS-CoV-2 hatte die Familie Nachwuchs bekommen, der etwas aus der Art geschlagen war, aber genau das war seine große Chance. Schnell ließ sich absehen, dass bei diesem Spross der Familie viel mehr Menschen sterben würden als bei seinen Cousins und Cousinen, und wenn er es klug anstellte, würde er sich auch nicht so schnell einfangen lassen.

WEIGERUNG

»Ich kann nicht«, sagst du. »Nicht jetzt.« Du weißt, dass du deine gewohnte Welt verlassen musst, du hast den Ruf vernommen, aber du hast noch keine Vorstellung davon, was das bedeutet. Du hast eine Ahnung, dass nichts mehr jemals so sein wird, wie es einmal gewesen ist. Und dann denkst du auf einmal, dass eigentlich doch alles ganz gut ist, so wie es ist. Du möchtest noch einen kleinen Aufschub, das Ganze noch einmal durchdenken, aber die Zeit drängt.

Der Held oder die Heldin spürt, dass er oder sie das, was als Nächstes kommt, wahrscheinlich lieber vermeiden würde, und lehnt die Herausforderung ab. Aber in diesem Moment meldet sich die innere Stimme. Die innere Stimme der Heldin sagt, dass sie keine andere Wahl hat und dass es nur ihre Angst ist, die sie davon abhalten will. Sie sieht ein, dass sie sich auf den Weg machen muss. Wenn sie sich nicht auf den Weg macht, ist die Geschichte zu Ende und es handelt sich um einen No-Plot oder Mini-Plot und das Ganze kommt nicht in die Kinos. Oder nur mit sehr mäßigem Erfolg.

STADTFLUCHT

Sie hatten lange davon geträumt und es lange gesucht, und als sie es dann endlich gefunden und in Besitz genommen hatten, fiel ihnen auf, dass sie mit ihren beschäftigten Leben gar nicht wirklich die Zeit hatten für so ein Haus auf dem Land. Ständig musste etwas repariert werden, der Rasen gemäht oder das Dach geflickt, und sie waren sich plötzlich gar nicht mehr sicher gewesen, ob es wirklich das war, was sie sich so sehnlich gewünscht hatten. Erst jetzt, als das Leben in der Stadt von einem auf den anderen Tag nichts mehr wert war, die Wohnungen nur noch Käfige, viel zu eng aneinandergebaut, überall Ansteckungspotenzial, war ihnen endlich klar geworden, wofür sie das kleine Haus auf dem Land so dringend gebraucht hatten. Der unwahrscheinliche Fall, den sie doch irgendwie geahnt haben mussten, die Ausnahmesituation, in der man sich nur noch aufs Land flüchten konnte, war eingetreten. Und jetzt gab es endlich auch genügend Zeit, den Garten mal richtig zu machen, Jungpflanzen in die Erde zu bringen und jeden Tag zu gießen, Tapeten abzureißen oder sogar den Durchbruch anzugehen, damit die zwei kleinen, beengten Zimmer ein großer Raum werden würden. Aber auf die Idee waren auch die anderen gekommen und die Container beim Bauschuttunternehmer waren schnell alle vergeben.

PEST

Der Mann las jetzt ein Buch über die Pest von achtzehnhundertnochwas. Wahrscheinlich brauchte er auch irgendwas zum Recherchieren, wobei er sich sonst eher für das All und solche Sachen interessierte. Jedenfalls wirkte er ganz zufrieden, wenn er dieses »alte Originalwerk« las, wie er es nannte. Ich hatte den Computer extra nicht mit ins Bett genommen, sondern sah ihn einfach an. Mir fiel auf, dass ich ihn eigentlich noch nie länger beim Lesen beobachtet hatte. Er nahm die Lesebrille ab, die er seit Kurzem benötigte, und blickte mich ernst an. Ich wusste schon, was er dachte. Er dachte, dass ich viel zu viel recherchiert und wahrscheinlich gar keinen Durchblick mehr hätte, dass er aber mit seinem alten Buch über alles Bescheid wüsste. Ich hatte ihm kurz vorher von der Zombieserie erzählt, aber er hat, glaube ich, den Sinn noch gar nicht verstanden. Es war ja bislang nur eine Skizze, bei der erst am Ende alles so richtig zusammenkommen und dem Zuschauer ein Licht aufgehen würde. Das mit dem Virus, also dem Virus in mir, hatte ich nicht noch mal erwähnt. Der Virus mochte ohnehin nicht, dass ich mit irgendwem über ihn sprach, das ist mir anfangs nur noch nicht so klar gewesen. Der Mann wurde dann wie immer relativ schnell müde.

Als er eingeschlafen war, angelte ich mir sein Buch und begann zu lesen. In dem Buch waren vor allem Krankheitsverläufe skizziert. Die Menschen, aus deren Haut auf einmal eitrige Entzündungen hervorgetreten waren, hatten keine Ahnung, woher diese Entzündungen gekommen sein konnten. Und drei Tage nach den ersten Eiterbeulen waren sie auch schon tot. Als die Verwandten kamen, um sich von den Verstorbenen zu verabschieden, steckten auch sie sich an und trugen die Pest so ins ganze Land. Ich musste an den Redakteur denken und legte das Buch wieder weg. Er hatte auf meine E-Mail, dass ich gerade recht beschäftigt sei, gar nicht mehr geantwortet. Vielleicht hatte er noch Ärger mit seinen Chefs, weil er so lange mit mir an dem Projekt gearbeitet hatte. Ein guter Stoff braucht einfach Zeit und Raum, um sich zu entfalten, und auch wenn man nach vielen Rewrites und Meetings dann wieder zum Ausgangspunkt zurückkehrt, dann ist das ja nicht verloren, sondern man weiß dann wenigstens, dass der Ausgangspunkt auch wirklich richtig gewesen ist. Vielleicht sollte ich ihm mal schreiben, dass ich durchaus bereit wäre, den Stoff weiter mit ihm zusammen zu entwickeln, also ohne, dass seine Chefs davon erfahren müssten, und dann würden wir was richtig Gutes daraus machen. Er hatte ja immerhin sehr daran geglaubt, und dann war es mit einem Mal vorbei gewesen. Ein bisschen komisch fand ich das schon.

Zuerst spürte sie das kalte Metall im Nacken, erst danach hörte sie das unverkennbare Klicken, das entsteht, wenn jemand den Abzug einer Schusswaffe spannt. Sie hatte versucht, so nah wie möglich an den Stacheldrahtverhau mit dem Feuerring heranzukommen und dann an einer geeigneten Stelle irgendwie hindurchzuschlüpfen.

»Schön langsam hochkommen. Keine hastige Bewegung.« Das hätte die Männerstimme ihr nicht sagen müssen, sie hatte schon genügend zweitklassige Actionfilme gesehen.

»Du musst Max sein.«

»Woher kennst du meinen Namen?«

Gut geraten, eins zu null für Geraldine.

»Xenia schickt mich. Wir müssen sie aus ihrem Supermarkt rausholen. Die Zombies bedrängen sie von allen Seiten.«

»Ach, und warum kommt sie nicht selbst, um mir das zu sagen?«

Geraldine wagte es, sich ganz langsam umzudrehen, die Hände behielt sie aber lieber noch oben. Max ließ das zu, er war ja selbst neugierig, was für ein Vögelchen er sich da eingefangen hatte, und ihm gefiel durchaus, was er zu sehen bekam.

»Du weißt doch, ihre Herzschwäche.«

»Ich weiß gar nichts. Ich weiß nur, dass man in diesen Zeiten niemandem trauen kann. Also, los! Und glaub nicht, dass ich nicht abdrücke, ohne mit der Wimper zu zucken.«

Max schubste Geraldine vor sich her, hinein in sein abgeriegeltes Gelände. Geraldine erkannte jetzt die Konstruktion, die den Feuerring erzeugte: Offensichtlich wurden große Mengen Benzin in ein Rohr gepumpt, um das Feuer in Gang zu halten.

»Gibt es noch etwas anderes, das die Viecher fernhält, außer Feuer?« fragte Geraldine.

»Nicht dass ich wüsste.«

Max schubste Geraldine weiter bis zu einem unscheinbaren Seecontainer.

»Aufmachen!«, kam es im Befehlston aus ihm heraus, aber Geraldine merkte, dass es ihm schwerfiel, die bedrohliche Kulisse aufrechtzuerhalten. Als die Türen des Seecontainers aufgingen, offenbarte sich dahinter zu Geraldines Überraschung eine Treppe, die hinab in die Erde führte. Was hatte er nur mit ihr vor, da unten? Und was war das überhaupt? Und vor allem, wieso hatte sie eigentlich gar keine Angst? Unten angekommen betätigte Max einen Lichtschalter und es offenbarte sich eine etwa zwanzig Meter tiefe Halle, die in die Erde hineingegraben war. Darin standen mehrere Reihen von Metallregalen, auf denen bis unter die Decke Lebensmittel und Ausrüstung gestapelt war.

Max tastete Geraldine ab, um sicherzugehen, dass sie nicht irgendwo eine Waffe am Körper versteckt hatte. Ein Kribbeln durchlief ihren Körper. Wie lange war es her, dass sie nicht mehr richtig angefasst worden war?

»Los, rein da!«

Und schon saß sie in einem winzigen Gitterkäfig, mit nur einem Stuhl darin. Max machte das Vorhangschloss vor die Gittertür und jetzt konnten sie sich zum ersten Mal richtig in Augenschein nehmen.

Max war sportlich gebaut und machte den Eindruck, wagemutig zu sein. Dennoch hatte er ganz sanfte Gesichtszüge, darüber konnte auch sein martialischer Aufzug nicht hinwegtäuschen.

»Hast du Hunger?«

Und ob Geraldine Hunger hatte. Sie hatte Heißhunger.

»Oh ja. Ich weiß gar nicht mehr, wann ich zuletzt etwas gegessen habe.«

Unweit von dem Käfig, in dem Geraldine gefangen war, hatte Max eine improvisierte Küche aufgebaut. Er entzündete eine Gasflamme, stellte eine eiserne Grillpfanne darauf und zauberte von irgendwoher zwei eingeschweißte Stücke Fleisch. O Gott, wie lief Geraldine das Wasser im Mund zusammen. Er ließ die Steaks auf das heiße Metall gleiten und sogleich fingen sie an zu brutzeln. Der Raum füllte sich mit den unverwechselbaren Röstaromen.

Er hätte jetzt alles mit ihr machen können.

FLEISCH

Am Mittwoch ist Markttag und dann kommt das Metzgerauto und stellt sich gleich neben das Bäckerauto auf den Platz zwischen unserem Haus und der Kirche. Alle zwei Wochen kommt auch das Fischauto, sonst nur das Bäckerauto und das Metzgerauto. Die Wagen bleiben nie lange, denn sie müssen ja noch weiter, in die anderen Dörfer. Ich schaute auf die Uhr, 10:55 Uhr. Wenn ich mich beeilte, würde ich es noch schaffen. Es war niemand außer mir im Haus. Nachdem ich endlich mein Portemonnaie gefunden hatte, stellte ich mich draußen in die Schlange, zwei Meter Abstand waren kein Problem. Ich stand fast so geduldig in der Reihe wie die alten Leute und wartete. Dann wurde ich doch nervös und fragte, ob ich nicht vielleicht vor dürfe, weil ich mein kleines Kind allein im Haus gelassen hätte.

Ich verlangte ein Stück von dem Entrecôte und bat die Verkäuferin, es dick abzuschneiden, zwei Finger breit. Gerade als ich vom Metzgerauto weggehen wollte, sah ich den Liebhaber mit einer Stofftasche von der anderen Straßenseite herüberkommen. Ich winkte kurz, so als hätte ich es ganz eilig, und bemühte mich, schnell zu verschwinden. Ich wollte mich jetzt wirklich nicht auf ein Gespräch mit ihm einlassen, vor allem nicht hier auf dem Marktplatz. Vielleicht hatte er recht, vielleicht sollten wir, wenn uns noch etwas an unserer Beziehung lag, über eine Therapie nachdenken. Aber welcher Therapeut würde schon mit einer in die Jahre gekommenen Liebhaberbeziehung Erfahrung haben?

Noch bevor ich das Fleisch in die Pfanne legte, schnitt ich ein Eckchen davon ab und steckte es mir in den Mund. Und dann noch eins. Ich versuchte, es medium rare zu braten, hatte aber etwas zu wenig Geduld und es war dann doch eher noch blutig, was mich nicht unbedingt störte. Ich aß das Steak in großen Bissen, ohne noch was dazu. Die Fleischverpackung versteckte ich ganz weit unten im Müll, spülte alles ordentlich ab und setzte mich zurück an meinen Schreibplatz.

TRACING

Das Reichsgesundsheitsamt war aus dem Kaiserlichen Gesundheitsamt hervorgegangen und war dann zum öffentlichen Gesundheitsdienst geworden, dem die Gesundheitsämter unterstellt waren. Noch nie, seit die Gesundheitsämter aus dem Reichsgesundheitsamt hervorgegangen waren, waren sie einer derartigen Herausforderung gegenübergestanden. Sie ächzten unter der Aufgabe, die Verbreitung des Virus einzudämmen. Wenn sie einen Brief bekamen, dass in ihrem Bezirk einer nachweislich das Virus hatte, dann klemmten sich die Beamten und Beamtinnen an ihre Telefone und versuchten herauszufinden, wo das Virus sich noch aufhalten könnte. Geplant war, dass für je 20.000 Einwohner ein Team von fünf Mitarbeitern Kontaktpersonen der Kategorie 1 nachverfolgen sollte. Kategorie 1 waren die, die in den vergangenen vierzehn Tagen fünfzehn Minuten oder länger direkten Gesichtskontakt zu der Person aus dem Brief gehabt hatten. Wie gut die Nachverfolgung über Befragung und Leute anrufen funktionierte, war unklar, weil die Gesundheitsämter darüber keine Auskunft zu erteilen brauchten. Auch, was überhaupt passierte, wenn so eine Kategorie-1-Person entdeckt worden war, wusste niemand so recht. Wegen all dieser Unwägbarkeiten setzten viele große Hoffnung auf eine technische Lösung, eine App.

In einigen Ländern, vor allem im asiatischen Raum, liefen solche Apps schon mit großem Erfolg und auch das ein oder andere Nachbarland kündigte an, so einen Service zeitnah starten zu wollen. Die App hätte den Vorteil, dass sie auch an Sonn- und Feiertagen Dienst haben würde und sehr genau abspeichern könnte, wen man wie oft und wie lang in den vergangenen zwei Wochen getroffen hatte. Mit etwas Glück sollte in einigen Monaten ein Prototyp für eine solche App getestet werden können.

UNGNADE

Im Grunde handelte es sich um einen Übersetzungsfehler. Denn eigentlich waren die Masernpartys Rötelnpartys gewesen. Da aber Röteln auf Englisch *measles* heißt und *measles* so ähnlich klingt wie Masern, wurden aus den Rötelnpartys Masernpartys. Masern sind zwar viel gefährlicher als Röteln, aber wenn einmal eine Idee geboren ist, lässt sie sich nur schwer wieder aus der Welt schaffen. Die Begründung der Impfgegner war, dass sich ihre Kinder lieber mit Wildviren anstatt mit Impfvirenkrüppeln infizieren sollten. Die Wildviren seien viel besser und naturnah, auch wenn die Maserninfektion mitunter schwere bleibende Schäden verursachen oder zum Tod führen konnte.

Ein Mann aus der Lokalpolitik wollte seine Frau, die sich das Coronavirus eingefangen hatte, nicht allein lassen und nahm deswegen seine eigene Ansteckung wissentlich in Kauf. Als er die Krankheit überstanden hatte, fühlte er sich stark und verkündete, dass er nun ein Held würde sein können, indem er, wenn alle anderen Beamten beatmet werden mussten, einspringen und die Verwaltung am Laufen halten könnte. Die Vorstellung, dass er sich tatsächlich absichtlich angesteckt hatte, wo doch alle Maßnahmen darauf abzielten, Personen vor einer Infektion zu schützen, war unentschuldbar. Später dann, als ihm bewusst geworden war, was er da eigentlich getan hatte, trat er in der Öffentlichkeit lieber wie alle anderen mit Mund- und Nasenschutz auf, um nicht immer wieder auf seinen Makel hinzuweisen. Das absichtliche Infizieren mit Krankheitserregern erfüllt den Tatbestand der gefährlichen Körperverletzung. Bereits der Versuch der gefährlichen Körperverletzung ist strafbar.

PLANERFÜLLUNG

Die Zelle handelt nur nach Vorschrift. Sie trägt einen Bauplan in sich, und in dem steht drin, was zu tun ist. Wenn der Virus an die Zelle andockt, bringt er eigene Pläne mit. Die neuen Pläne des Virus erscheinen der Zelle sehr vielversprechend und sie macht fortan alles so, wie es der Bauplan des Virus vorsieht.

Der Große kippelt während der Homeschool auf dem Stuhl und macht nicht richtig mit. Der Kleine findet das cool und fängt auch damit an. Ich sage ihm, dass er nicht alles nachmachen soll, aber er muss das tun, das Kippeln des Großen ist einfach zu verlockend. Zum Glück habe ich eine Homeschool-Webseite entdeckt, die die Lehrtätigkeit sehr gewissenhaft ausführt. Sie unterrichtet alle Fächer und Klassen. Man gibt nur den Spitznamen oder Namen seines Kindes ein, setzt ihm einen Kopfhörer auf und schon geht's los. Wenn das Kind die Aufgaben richtig macht, bekommt es Goldmünzen, und später kann es die Goldmünzen in Spiele eintauschen oder für die Gestaltung des eigenen Avatars verwenden. Es gibt Hunderte von verschiedenen Flügeln und Masken, Hüten, Ohrringen, Hautfarben, alles Mögliche. Jetzt verbringen die Kinder gern viel Zeit in der Schule und ich muss nur danebensitzen und kann weiter meiner Arbeit nachgehen.

PRÄSIDENT

Der Präsident hatte heute richtig miese Laune. War ja auch verständlich. Er wollte das Licht am Ende des Tunnels sehen, und er hatte es auch schon fast gesehen, aber dann kamen sie wieder mit ihren Zahlen und Infektionen. Was gab es da noch groß zu sagen? Er hatte ja auch nicht rumgeflennt, als rauskam, dass sie Millionen von Schecks an Tote verschickt hatten. Shit happens, trotzdem musste es ja weitergehen. Die großartigste Wirtschaft der Welt konnte man nicht wegen einem Schnupfen in den Sand setzen.

Mal sehen, wie lange er die Konferenz heute in die Länge ziehen konnte. Gestern waren es zweieinhalb Stunden geworden, das war schon nicht schlecht. Er hatte die Polster von den Stühlen der Presseheinis wegnehmen lassen. Es spornte ihn an, einfach immer weiter und weiter zu reden, wenn sie nach einer Stunde anfingen, auf den harten Sitzflächen herumzurutschen. Heute gab es sogar das Thousand Island Dressing zum Eiersalatsandwich. Die tägliche Presseinformation war die perfekte Gelegenheit für einen kleinen Brunch, also davor natürlich. Er zog sein Jackett aus, nahm ein Küchenmesser, mit dem er den Rand vom Weißbrot abschnitt, und ließ die Schreiberlinge noch ein bisschen zappeln. Er vermisste die Auftritte in den Hallen, in den Veranstaltungsarenen und Megachurches. Er vermisste seine Fans, die auch mal ein klares Wort verstanden. Aber alle Termine waren abgesagt worden.

Wie hätte man denn ahnen sollen, dass so etwas mal passieren würde? Aber eigentlich hatte er es immer gewusst. Er hatte es immer gesagt: Es wird etwas kommen.

KLARTEXT

»Hallo du«, schrieb ich. »Lange nichts von dir gehört. Das ist schon eine verrückte Zeit, oder? Deine Absage hat mich doch ziemlich umgehauen. Aber vielleicht musste es so sein und vielleicht konnte ich nur so herausfinden, wie wichtig mir die Arbeit mit dir an diesem Projekt gewesen ist. Dabei geht es mir gar nicht darum, ob irgendein Sender das auch gut findet oder nicht, sondern ganz allein um uns und unser Projekt. Es ist ja schließlich unser Baby.« Da er ja schon auf die vorherige Nachricht nicht geantwortet hatte, war das jetzt die letzte Möglichkeit, ihm zu schreiben. Ich hätte von Anfang an viel offener zu ihm sein müssen.

Ich sah aus dem Fenster auf den Kirchturm. Der Milan drehte lautlos seine Kreise am Himmel. Er schwebte recht tief, knapp über den Baumkronen durch die Luft. Diese Vögel sind ja schon beeindruckend groß, wenn sie so nah sind. Ich konnte genau sehen, wie er den Kopf hin- und herdrehte und mal hierhin und mal dahin schaute, wahrscheinlich auf der Suche nach irgendeinem Tier, auf das er sich herabstürzen konnte. Als er wieder vorbeischwebte, guckt er genau bei mir zum Fenster herein. Ganz automatisch schaute ich schnell weg. Ich löschte, was ich bis jetzt geschrieben hatte und schrieb stattdessen: »Guck mal, was ich entdeckt habe: Mediterraner Tofu-Eintopf.«

HONKA, BAR DES VERGESSENS VI

Es gab nur ein paar Sehschlitze, durch die man gerade so erahnen konnte, wo der Weg entlangführte. Trotzdem vermittelte das Panzerfahrzeug ein untrügliches Gefühl von Sicherheit, zumindest nachdem sie es geschafft hatte, die Fahrhebel und anderen Bedienelemente in den Griff zu bekommen.

»Du fährst, und ich schieße«, hatte Max bestimmt. Sie hatten so viel an Lebensmitteln und Werkzeugen und vor allem Benzin in das Radpanzerfahrzeug gepackt, dass es bis obenhin voll war.

»Und dann? Wo sollen wir hin?«, fragte Geraldine.

»Kennst du den Grumsin?«

Den Grumsin kannte sie gut, so wurden die undurchdringlichen Wälder genannt, in denen sie erst kürzlich zwei einsame Wochen verbracht hatte.

»Klar, was ist damit?«

»Ich habe Funksprüche aufgefangen, von einer Handvoll Menschen, die sich dort verschanzt haben. Zu denen schlagen wir uns durch.«

»Es gibt noch andere Menschen? Das ist ja fantastisch!«

Doch Geraldines Freude währte nur kurz, schon wurde etwas vor den Sehschlitz gehalten und nur Sekunden später hatte man ihr diese ätzende Flüssigkeit in die Augen gespritzt.

»Ahh. Fuck. Max!«

»Was ist?«

»Ich kann nichts mehr sehen.«

Päng. Mit einem lauten Knall stoppte der Panzer abrupt. Was war das? Max zerrte Geraldine weg vom Guckloch.

»Weg da, die Biester haben Säure reingespritzt.«

Max hielt den Flammenwerfer, den er immer griffbereit hatte, an den Sehschlitz und feuerte eine glühend heiße Fontäne direkt in die Fresse ihrer Angreifer. Mit einem Ruck stieß er die Luke auf und verbrutzelte die gesamte Gegend. Diese Viecher hatten es geschafft, einen Betonklotz mitten auf die Straße zu wuchten, der den Panzer zum Halten gebracht hatte. Aber das nützte ihnen jetzt auch nichts mehr. Sie waren nur noch Asche.

VERSPRECHEN

Für die Marktwirtschaft ist es vor allem wichtig, dass man an sie glaubt. Also, dass man glaubt, dass man eine Gegenleistung erhalten wird, wenn man etwas gibt. Als Absichtserklärung, dass das Versprechen auch eingelöst wird, bekommt man Geld, das ja nichts anderes als eine Schuldverschreibung ist. Wenn ich meine Körperzeit einsetze für deine Belange, also meinen Körper für eine gewisse Zeitspanne Tätigkeiten in deinem Sinne ausführen lasse, dann bekomme ich Geld als Schuldschein, und den kann ich dann später woanders wieder einlösen. Die Wirtschaft funktioniert also durch den Glauben an einen zukünftigen Wert. Mit Gold als Währung war das noch etwas anderes, aber als dann das Papiergeld erfunden war und dann der Scheck und nicht viel später die Online-Überweisung, da war Geld bloß noch eine Zahl, die irgendwo stand und die mit der echten Welt nur noch sehr wenig zu tun hatte, jedenfalls bei den größeren Summen. Nur so ist es der Börse immer mal wieder möglich, über Nacht mehrere Milliarden zu vernichten. Aber es ist ja nicht wirklich vernichtet, die Verluste sind virtuell. Das geht natürlich nur, wenn der Besitz vorher auch virtuell gewesen ist.

Der Gewinn, der in diesem Frühjahr noch erwirtschaftet werden soll, ist jetzt schon verloren. Ich weiß nicht, ob das von der Zeitform her möglich ist, aber das ist eben Wirtschaft. Ich habe mich dann doch entschieden, einen Zuschuss für Solo-Selbstständige zu beantragen. Bei meinen Ausfällen gebe ich die nicht verwirklichte Serie an. Für den Zuschuss habe ich eine virtuelle Wartenummer gezogen. Vor mir sind noch 183.465 Wartende.

BESSERE WELT

Die Auslieferer waren die Einzigen, die sich noch frei von einem verschanzten Konsumenten zum nächsten bewegen durften. So wurden sie nicht nur Überbringer der ersehnten Waren, sondern auch der neuen Krankheit. Zwar verzichtete man bei der Übergabe der Pakete mittlerweile auf die Unterschrift, aber der Virus lauerte überall. Er krallte sich an den Kartons fest, sprang auf Türklinken und Briefkästen oder blieb einfach in der Luft stehen. Und wenn die Besteller hinter ihren Gardinen darauf warteten, dass der Versandhandelsfahrer das Grundstück endlich verlassen hatte, und das ersehnte Paket mit dem unverwechselbaren Zeichen betrachteten, zählten sie die Zeit. Zwei Minuten, fünf Minuten, zehn, aber dann ging es einfach nicht mehr länger. Sie stürmten hinaus und holten das Virus zu sich herein.

Der größte Versandhändler reagierte umgehend auf die Bedrohung seiner Mitarbeiter und stellte einen Fonds bereit, der dazu gedacht war, die Leiden zu lindern. Zuallererst wurde ein Imagefilm produziert, der den Arbeitern für ihre Arbeit dankte und sie ermutigte, stolz zu sein auf das, was sie vollbrachten. Es war ganz unnötig, dass die Mitarbeiter Angst hätten, dass sie Interviews gaben und anprangerten, dass sie keine Masken bekämen und keine Zeit zum Händewaschen hätten. Es war vielmehr nötig, dass die Mitarbeiter ihre tradierte Vorstellung des Verhältnisses von Arbeit und Freizeit losließen. Schon seit Jahren hatte er selbst die ausgetretenen Pfade von Arbeit, Lohn und Freizeit verlassen und den Ansatz der Ganzheit gewählt. Wenn die Mitarbeiter diesen Ansatz auch verinnerlichten, müsste niemand mehr gehetzt sein oder überfordert. Arbeit wäre dann ein ganz natürlicher Teil des Lebens, so wie Schlafen und Essen und der Tod. Auch der größte Versandhandel würde sterben müssen, eines Tages, aber bis dahin sollten sich alle die Zeit nehmen, in Ruhe zu frühstücken, ihr Geschirr gleich im Anschluss mit der Hand zu spülen, genau wie er, und dann in einer aufgeräumten und friedvollen Umgebung ganz eins mit sich sein. Die Menschen mussten bereit sein, die Hilfe anzunehmen, die er ihnen bot. Dann würden sie gemeinsam, also er und die Menschheit, eine bessere, eine erfülltere Welt bauen können.

VERSANDHANDEL II

Das kleine Haus unten am Hügel der Kirche war noch ganz voll mit allem Möglichen. Mit Katzen und Katzenfutter, das Gefrierfach voller Chicken-Wings. Im Küchenbuffet standen noch Kaffee und Teebeutel und Zucker und unten im Schrank waren Kannen und Töpfe und Besteck, alles eben. Wenn man nach oben ging, waren da die gemachten Betten und Bettzeug und in den Schränken die Wäsche der Frau und die Kleider und auch noch die Anzüge von ihrem Mann, der vor über 20 Jahren gestorben war. Als ich vorbeikam, um ihnen das Druckerpapier zu bringen, saß der polnische Freund meines Performancefreunds in einer DDR-Anzugjacke auf dem Sofa der Frau und schaute was auf Netflix und der Performancefreund staubte die Sachen in den Regalen ab. Die Vorhänge waren aufgezogen, sonst war alles genauso wie vorher.

Auf einmal klopfte es an der Tür und die Männer des großen Versandhandels standen davor. Sie waren mit einem Elektroauto direkt aus der Stadt gekommen und legten dem Freund meines Performancefreunds irgendetwas vor, das er unterschreiben sollte. Bevor er zu uns ins Dorf gekommen war, hatte er als Auslieferer bei dem Versandhändler gearbeitet und als er dann vom Versandhändler keine Schutzmaske und auch kein Desinfektionsspray bekommen hatte, war er einfach mit in das Wohnmobil gestiegen und aufs Land gefahren.

Er sagte, er würde das nicht unterschreiben, er könnte es ja noch nicht einmal lesen, weil er ja nur

Polnisch und Englisch könne. Ich wunderte mich schon ein bisschen, dass die Männer von dem Versandhandel extra bis in unser Dorf gekommen waren. Wahrscheinlich hatten sie Angst vor irgendwelchen Ansprüchen und waren jetzt überall in der Welt unterwegs, um den Schaden zu begrenzen. Der Freund meines Performancefreunds ließ die Männer einfach stehen, kam wieder rein, setzte sich aufs Sofa und legte sich zwei nasse Teebeutel aus unseren Teetassen auf die Augen. Ich konnte die Männer durch das gekippte Fenster noch murmeln hören, auf jeden Fall hatten sie Stress. Ich fragte ihn, was das mit den Teebeuteln auf sich hätte, und er sagte, das sei Recycling und würde die Falten um die Augen bekämpfen und so sein jugendliches Aussehen bewahren. Dann gab er mir die Teebeutel und ich legte sie mir auch auf die Augen.

CHINA II

Es war gut, dass die ausländischen Berichterstatter schon vor Monaten in ihre Heimatländer in Sicherheit gebracht worden waren. Auf diese Weise konnte man viel harmonischer umgehen mit allem, was es zu wissen und zu erfahren gab. Die ausländischen Korrespondenten hatten immer den Hang, den Verhältnissen zu nahe zu treten. Aber wenn man den Dingen und Verhältnissen zu nahe kam, dann verbargen sie ihre wahre Gestalt. Das, was die Korrespondenten sahen, nannten sie Tatsachen, und sie nahmen ihr geduldiges Papier und füllten es mit ihren Tatsachen, und die Dinge und Verhältnisse wollten weinen vor Scham.

Sie konnten nichts dafür. Ihre Maßstäbe waren in fremden Kulturen gefertigt worden, sie konnten hier gar nicht passen, aber davor waren ihre Augen verschlossen.

Wenn das, was sie sagten, nicht schöner war als die Stille, sollten sie besser schweigen (chinesisches Sprichwort).

HERDE

Eine Herde ist eine größere Ansammlung von gleichartigen Landwirbeltieren, die durch den Herdentrieb zusammengehalten werden. Herdentiere gehen davon aus, dass sie als Herde besser aufgestellt sind, also dass sie besser an Nahrung kommen, sich besser vor Feinden schützen und sich bequemer fortpflanzen können. Sowohl Angriff als auch Flucht lassen sich als Herde besser bewerkstelligen, Totstellen ist für die Herde keine Option.

Der Virus ist ein typischer Einzelgänger, dennoch liebt er die Herde. Viele gleichartige Wesen auf engem Raum sind für ihn die ideale Voraussetzung. Ein Virus, das auf eine Herde trifft, hat ein leichtes Spiel, denn in diesem Fall wird die Herde von ihrem Gefühl von Sicherheit getäuscht und ist dem Virus schutzlos ausgeliefert.

Der Mensch ist im Grunde genommen ein Rudeltier, aber durch die fortschreitende Globalisierung fällt es ihm immer schwerer, sich noch als Rudel zu definieren und von anderen Rudeln abzugrenzen. So ist er faktisch zum Herdentier geworden. Die Bildung einer Herde und damit die Auflösung des Rudelverbands geht aber nicht mit der inneren Gefühlslandschaft des eigentlichen Rudeltiers einher. Von Seiten der Medien, die ja großes Interesse an der Herdenhaftigkeit und damit Manipulierbarkeit haben, und Angst vor dem unberechenbaren und wendigen Rudel, wird das Dilemma heruntergespielt und jedem Einzelnen Individualität suggeriert. Diese Zwickmühle aufzulösen, geht natürlich nur dann gut, wenn man übersieht, dass eine größere Anzahl von Individuen, die alle gleich individuell sein sollen, der Definition nach nicht individuell sind. Immer noch besser als Einzelgänger, denkt sich der Mensch.

ERBGUT

Die meisten Menschen haben Angst, dass etwas schiefgehen könnte, wenn der Chromosomensatz der Eizelle mit dem Chromosomensatz eines Spermiums verschmilzt. Sie haben Angst, dass der entstehende Embryo ihnen zu unähnlich sein oder irgendwelche anderen Schäden haben könnte. In Wahrheit geht es bei der Erbgutverschmelzung drunter und drüber und die Spezies klauben sich zusammen, was sie gerade denken, gebrauchen zu können. Die Evolution hat sich immer schon das genommen, was sie gerade gefunden hat und irgendwo mal mit eingebaut. Das Meiste waren verstümmelte Virengene, denn die sind am leichtesten zu finden. Die Virenschnipsel, die nun die Hälfte des menschlichen Erbguts ausmachen, waren aus anderen Organismen herauskopiert worden und sind dann in die menschliche DNA hineingeraten. Hier ein Stück von der Schnecke und dort was vom Floh, eine Distel, und alles rein in die Fledermaus.

Erst der Mensch hat es mit der Angst zu tun bekommen und versuchte sicherzustellen, dass sich auch nichts Falsches vermischte und keine Fehler passierten.

Menschen kontrollieren gern, Viren lieben das Chaos. Sie haben keine Angst vor nichts und niemandem, nicht mal vor dem Tod. Gefühle sind ihnen fremd. Sie nutzen die Schwächen der anderen und profitieren davon. Der Mensch hingegen glaubt an die Ordnung und die daraus abgeleiteten Regeln. Er glaubt, alles hätte einen Grund, und wenn zwei Sachen sich widersprechen, dann muss die eine falsch und die andere richtig sein.

LOSLASSEN

Meine Mutter stand zwischen den Dicken Bohnen und besprühte sie mit einem Gemisch aus Spülmittel, Milch und Wasser, das die Pflanzen von den Läusen befreien sollte. Die Stängel waren schon ganz schwarz vor Läusen. Wenn der Winter warm war, wirkt sich das sehr positiv auf die Läusepopulation aus, also aus der Sicht der Läuse. Durch den ausgebliebenen Bodenfrost hatten die meisten Eier überlebt und erstaunlich viele Läuse waren daraus hervorgegangen und hatten sich auf den Stängeln der Dicken Bohne angesiedelt. Sie müsse lernen, loszulassen, sagte ich zu ihr, der Garten sei viel zu groß für sie und die Gießkannen zu schwer.

»Was du liebst, lass frei, sagt Konfuzius«, sagte ich.

»Und wer kümmert sich um die Läuse?«, wollte meine Mutter wissen.

»Keiner«, sagte ich.

Immer fand meine Mutter neue Gründe, warum sie den Garten nicht sich selbst überlassen konnte. Die Läuse haben auch natürliche Feinde, den Marienkäfer zum Beispiel, aber sie haben auch Freunde. Es gibt Ameisenvölker, die es sich zur Hauptaufgabe gemacht haben, Läuse zu pflegen und zu verteidigen. Sie machen alles, damit es ihnen gut geht, nur um ab und zu etwas von einem Sekret abzubekommen, das die Läuse absondern und das für die Ameisen zuckersüß schmeckt. Ich wollte meiner Mutter nicht sagen, dass sie keine Chance hätte gegen die Ameisen und Läuse, wenn sie sich erst einmal zusammengetan hätten, aber trotzdem wollte ich, dass sie endlich einsah, dass sie aufgeben musste. Ich sagte, dass sie und der Garten doch alles ausgelebt hatten, was sie hatten ausleben können, und dass sie jetzt an ein Ende gekommen seien. Alles, was jetzt noch käme, wäre nur noch eine Wiederholung. Selbst, wenn sie jetzt die Läuse mit ihrer Tinktur vertreiben würde, wären sie doch nächste Woche oder spätestens nächsten Sommer wieder da. Meine Mutter wollte mich einfach nicht verstehen.

Sie hatte Angst vor der Veränderung, Angst vor einer neuen Lebensphase, in die sie zwangsläufig hinüberwechseln musste.

Ich muss dem Liebhaber sagen, dass ich mit ihm keine Paartherapie machen werde. Oder ich mache sie mit, und dann ist aber endgültig Schluss.

NACHBAR

Natürlich würde später mir die alleinige Schuld angelastet werden, trotzdem gehören doch immer zwei dazu. Ich kann mich nicht mehr erinnern, was genau ich gewollt haben konnte, als ich auf einmal vor seiner Tür stand, aber das Fehlen genau dieser Information macht es fast unmöglich, alles, was dann folgte, objektiv zu beurteilen. Ich trage also ganz allein die komplette Verantwortung und es gibt kein Argument, das zu entkräften.

Ich war zuvor einige Zeit ohne bestimmtes Ziel mit dem Fahrrad im Dorf herumgefahren. Irgendwann hatte ich das Rad am Haus der Nachbarn abgestellt und war in den ersten Stock gerannt. Ich war noch ganz außer Atem, als ich klopfte, und als der Nachbar dann öffnete, gab ich vor, mich für gewaltfreie Kommunikation zu interessieren. Ich hatte im Vorfeld noch zu keinem Zeitpunkt Interesse für dieses Thema gehegt, wobei es mir wahrscheinlich gutgetan hätte, vor allem in Bezug auf den Umgang mit meinen Kindern. Der Nachbar, der gerade eine vegane Linsensuppe für sich und seine zwei Kinder zubereitete, bat mich herein, sagte aber gleich, dass seine Freundin sich viel besser mit gewaltfreier Kommunikation auskenne, aber nicht da sei.

»Das macht nichts«, sagte ich, »bei mir geht es ja erst mal nur um die Grundlagen.«

Gewiss wäre es töricht, den Virus dafür verantwortlich machen zu wollen, aber ich hatte schon das Gefühl, dass ich nicht ganz bei mir selbst war, als ich das sagte. Während der Nachbar weiterhin sehr langsam Sellerie in wirklich kleine Würfel schnitt, erklärte er mir, dass das Wichtigste sei, erst mal bei sich zu gucken, also was eigentlich die eigenen Bedürfnisse sind. Irgendwie hatte ich schon länger das Gefühl, dass der Nachbar was von mir wollte, und als er das sagte und ich bemerkte, wie er dabei schaute, da hatte ich das Gefühl plötzlich wieder.

»Kommst du mit, Pilze holen?«, fragte er dann und wir ließen die Kinder und die Linsensuppe oben und gingen nach unten in den Keller. Tatsächlich befand sich im Keller des Nachbarn ein Substratballen, aus dem ein paar Pilze herauswuchsen. Er zupfte einige von den Pilzen ab und erzählte mir mit einem Seitenblick auf einen PC mit Monitor und Tastatur und noch einigen weiteren Geräten, dass er gerade dabei sei, eine Börse für Gefühle aufzubauen. Ich sagte nur »Aha«, und hoffte, dass das Thema damit beendet sein würde. Der Nachbar aber fühlte sich nicht richtig verstanden und erklärte, er hätte in einem Wirtschaftsmagazin gelesen, dass Emotionen an der Börse nichts zu suchen hätten, und dass er das aber grundlegend falsch fände.

Keine Ahnung, ob es von den Sporen der Pilze war oder wovon auch immer, jedenfalls bekam er einen Hustenanfall. Ich klopfte ihm auf den Rücken, aber er winkte nur, lachte etwas verlegen und sagte, dass das nur ein ganz normaler Frühjahrshusten sei. Ich sagte, dass ich keine Angst habe, weil ich selbst krank bin, und da stand ich auch schon dicht vor ihm, nahm seinen Kopf in die Hände und küsste ihn. Es ist schwer zu sagen, wie lang dieser Kuss wirklich dauerte, natürlich nicht *so* lange, aber dann irgendwie doch lange. Der Nachbar war ungefähr genauso überrascht wie ich. Ich kann mich nicht einmal erinnern, ob er mitgeküsst hat oder nicht, aber definitiv hat sich bei dem Kuss die Flüssigkeit aus meinem Mund mit der Flüssigkeit aus seinem Mund vermischt. Kurz darauf bin ich die Treppe hoch und aus der Tür auf den Dorfplatz gelaufen. Die Jugendlichen in der Bushaltestelle nahmen keine Notiz von mir.

ABSTAND

Erst hieß es 1 Meter bis 1,50 Meter Abstand, dann wurden es 2 Meter. Überall sollte man Abstand wahren. Bald kam es einem befremdlich vor, wenn sich jemand nah an einen heranstellte, fast schon übergriffig. Auf dem Boden von Geschäften waren Linien aufgeklebt, dort, wo sich dann die Menschen in die Schlangen stellten. Jeder an seiner Markierung, und wenn der Erste den Kassenbereich verließ, rückten die anderen nach, Kästchen für Kästchen. Besonders auffällig waren die Klebestreifen in unserem Dorfsupermarkt, weil dort ja eher selten zwei gleichzeitig an der Kasse stehen. Es gab Anstellstreifen für potenziell sechs Kunden und sogar eine Plexiglasscheibe. Aber vielleicht würden ja jetzt mehr Kunden kommen, jetzt, wo es Streifen für sechs Kundenfamilien gab. Wie es wohl aussehen würde, wenn die Schlange bis in die Regalreihen hinein ginge, wie im Discounter. Vielleicht sogar bis zum Milchregal.

Die neuen 1,50 Meter Abstand setzten sich bald überall durch. Bei offiziellen Versammlungen, im Parlament, bei der Ehrung der Corona-Toten in China, unter freiem Himmel, bei den Pressekonferenzen, immer das gleiche Muster. Bei Festbestuhlung in Räumen blieben immer drei Plätze frei, sodass nur ein Bruchteil der sonst Anwesenden Platz fand. Waren die Stühle beweglich, bildete sich ein seltsames Muster aus wenigen Stühlen und viel Platz. Aber es kamen ja zu allem auch nur noch die, die unbedingt mussten, also kaum einer.

HONKA, BAR DES VERGESSENS VII

Grausam. Obwohl, irgendwie konnte sie es ja auch verstehen. Besser gleich richtig tot, als wer weiß wie lange noch so einen untoten Torso über den Planeten schleppen. Xenia musste noch ziemlich lange bei Bewusstsein gewesen sein, nachdem sie sich mit einer Glasscherbe die Pulsadern aufgeschnitten hatte. Der

Fußboden in dem kleinen Kühlraum war ganz glatt mit ihrem erstarrten Blut bedeckt. Geraldine hielt sich die Hände vor die Augen und begann zu schluchzen.

»Ich hätte sie nicht allein lassen dürfen.«

»Du hattest keine andere Wahl«, sagte Max und legte ihr tröstend den Arm um die Schulter.

Sie hatten noch ein paar Kartons Konserven zusammengerafft und wollten sich auf den Weg machen. Durch das verschmierte Schaufenster konnte man sehen, dass schon das nächste Rudel Zombies auf sie aufmerksam geworden war. Egal, sie hatten das gepanzerte Radfahrzeug dicht am Eingang zum Milchlager geparkt, es sollte kein großes Problem sein, da hineinzukommen und zu verschwinden.

Als Geraldine Max wieder das Gesicht zuwandte, bemerkte sie, dass er mit den Tränen kämpfte. Es kam ihr schon sehr unwirklich vor, wie sie jetzt hier standen, zwischen den verwüsteten Regalreihen des 70er-Jahre-Supermarkts. Max hielt sie immer noch im Arm. Sie brauchten sich jetzt mehr als alles andere. Als ihre Lippen sich dann zum ersten Mal berührten, war es, als ob es immer so hätte sein müssen. Sie küssten sich lange und tief. Dass die Zombies ihre Fratzen an die Scheibe drückten und ihnen bei all dem zusehen konnten, war Geraldine einfach egal. Max schaute ihr jetzt wieder tief in die Augen und der Griff seiner starken Hand auf ihrer Schulter verfestigte sich immer mehr. Sie wusste genau, was er damit sagen wollte, und sie wollte es ja auch und ging runter auf die Knie.

Mit der Linken öffnete er geschickt die Knöpfe der Armeehose und ließ seinen Schwanz herausschnellen. Sie nahm ihn in den Mund, erst nur ganz sachte, und spürte, wie das Blut durch die geschwollene Ader an der Unterseite pochte. Sie zog seine Hose noch etwas weiter herunter und griff sich seine Eier. Als sie schließlich auf der Eistruhe lag und Max immer wieder in sie eindrang, blickte sie den Zombies hinter dem Schaufenster direkt in die Augen, wenn man denn überhaupt von Augen sprechen konnte. Dann entdeckte sie hinter den Kreaturen einen roten Volvo Kombi mit Dachkoffer, der auf den Vorplatz gerollt kam. Was war das denn jetzt? Was sollte das? Und vor allem: Wer war das? Die Zombies konnten bestimmt kein Fahrzeug führen. In aller Ruhe kam der Wagen in einer der Parkbuchten zum Stehen. Max war noch in vollem Gange, seine Bewegungen wurden immer heftiger und schneller, und Geraldine blickte wie betäubt zu den Ausflüglern, die jetzt aus dem Auto stiegen.

»Wir müssen sie warnen«, dachte sie noch, aber der Gedanke konnte sie nicht dazu veranlassen, etwas zu tun. Im Gegenteil, sie spürte, wie ein Kribbeln sich in ihrem Körper ausbreitete, mit jedem neuen Stoß ein Stückchen weiter.

Erst stieg die Frau an der Beifahrerseite aus dem Auto, dann der Mann, der gefahren war. Sie trugen identische dunkelblaue Funktionsjacken und Wanderschuhe. Dann öffneten sich die Türen hinten und zwei Mädchen in gelben Gummistiefeln stiegen aus.

Die glaubten ernsthaft, hier noch irgendetwas einkaufen zu können. Geraldine konnte nicht mehr länger an sich halten, das Kribbeln wurde zu einer Explosion und ein enormer Lustschrei entkam ihrer Kehle. Sie presste ihr Antlitz gegen Max starke verschwitzte Brust, während sein Schwanz pumpte und pumpte.

Schnitt nach draußen:
»Was wollen Sie? Hallo! Sind sie von hier?«, redete die ahnungslose Frau auf die Untoten ein, während sich schon drei von ihnen über den Vater hermachten, der über den Kofferraum gebeugt war. Er fing fürchterlich an zu schreien, aber das nützte ihm auch nichts mehr.
    »Gehirn …«, sagten die Körperfresser immer wieder mit ihren toten Stimmen.

VERHEERUNGSPOTENZIAL II

Ich lag auf dem Bett in der Abstellkammer und dachte nach. Ich war gerade hochkonzentriert, als der Mann in die Kammer kam und mich so ansah, als würde ich hier einfach nur auf dem Bett liegen und nichts tun, während er auf der Baustelle in Arbeit versank. Das Problem an der Konzentration ist ja, dass man sie einem von außen nicht ansieht, und oft ist das, was bei der Konzentration rauskommt ebenfalls nicht ganz offensichtlich. Trotzdem ist sie für gewisse Arbeiten unabdingbar. Auf jeden Fall hatte er nicht das Recht, mich so vorwurfsvoll anzusehen. Er sagte dann, wir bräuchten 6.700 Euro, damit die Leute anfangen würden, den

Fußboden zu gießen. Er sagte das so, als hätte ich das Geld hier unter dem Bett versteckt. »Ich habe keine 6.700 Euro«, sagte ich, was der Wahrheit entsprach. Natürlich erinnerte ich mich daran, dass ich dem Mann vor zwei Monaten gesagt hatte, dass er sich um Geld keine Sorgen machen sollte, denn schon bald würde es in Hülle und Fülle vorhanden sein. Aber die Umstände hatten sich eben gravierend verändert. Das kommt vor. Ich hätte natürlich auf die Zombieserie verweisen können, die großes Potenzial hatte, viel Geld einzubringen, aber ich wollte mich nicht in neue Versprechungen retten, die man mir später würde vorhalten können. Ich wollte einfach, dass er mich so liebte, wie ich war. Das war doch nicht zu viel verlangt.

PEST II

Der Mann und ich hatten nur ein Lehnkissen, das wir uns eng aneinander gedrückt teilten, während wir uns abwechselnd aus seinem Buch von achtzehnhundertnochwas vorlasen. Die Fußbodengießer hatten ihre Zementsäcke und alles zurück auf ihr Lastauto geladen und waren noch vor der Frühstückspause wieder abgefahren. Nicht einmal mehr gegrüßt hätten sie, hat der Mann gesagt. Dafür hatte ich dem Mann und der Mann mir ganz verziehen. Ich hatte gesagt, dass er wegen mir nie wieder auf die Baustelle müsse, dass ich es eigentlich sogar ganz schön fände, in so einem kleinen Zimmer in so einem großen Haus zu wohnen. Und dann hatten wir uns beide ins Bett verzogen und weiter vom Schwarzen Tod gelesen. Wir lasen von blutigem Auswurf, von Körpern, die bei lebendigem Leib verfaulten, von Zungen, die immer schwerer zu bewegen waren und irgendwann ganz schwarz wurden. Irgendwie hatte das Buch eine beruhigende Wirkung auf uns.

Das erste Anzeichen für eine Pestinfektion war der schlimme Geruch, der aus dem Rachen stieg. Der Betroffene bekam schreckliche Durst, aber kein Wasser konnte seinen Durst löschen und bald darauf schon spie er Blut. Eltern flohen vor ihren Kindern und umgekehrt, denn es dauerte nicht lange, da hatte jeder begriffen, dass der, den die Seuche erwischte, sterben würde. Es starben Menschen und Tiere. Boote trieben führerlos auf dem Meer, weil niemand mit der verseuchten und bereits verstorbenen Mannschaft in Kontakt kommen wollte. Die Infizierten, die noch über etwas Geld verfügten, wollten es Gott schenken, damit der noch etwas für sie machte, aber Gott wollte das Geld nicht. Die in den Klöstern ließen die Pforten verschlossen, hatten Angst vor den verseuchten Talern, und die Kranken warfen ihr Geld über die Mauern.

Im Mittelalter versuchte man der Pest mit wohlriechenden Feuern Herr zu werden, aber das war nur so eine Ahnung. In Wirklichkeit wusste man überhaupt nicht, was es mit der Krankheit auf sich hatte. Erst fünfhundert Jahre später, um achtzehnhunternochwas, wurde dem Autor des Buches einiges klar. Er hatte herausgefunden, dass giftige Gase, die nach diversen Erdbeben vielerorts aus dem Boden traten, die Ursache für den Ausbruch der Epidemie gewesen waren. Dürren, Hungersnöte, Regengüsse und Heuschreckenplagen waren den Beben vorausgegangen und als dann nach all dem Leid von China bis zum Atlantischen Ozean der Boden bebte, öffnete sich die Erde und die krankheitserregenden Gase strömten hervor und brachten den Menschen die Pest.

THERAPIE

Er sollte bitte sagen, dass das nicht wahr war. Aber er sagte es nicht. Er meinte allen Ernstes, es wäre doch dasselbe, nur, dass eine Paartherapie eben von einem Therapeuten durchgeführt werden würde. Die Beratungsstelle in der Kleinstadt, bei der er uns einen Termin gemacht hatte, bot seiner Meinung nach eine gleichwertige Eheberatung an. Wir könnten ja einfach fragen, wie wir unsere Ehe etwas aufregender gestalten könnten. Dass wir gar keine Ehe hätten, müsste ja keiner wissen, und außerdem sei die Eheberatung in der Beratungsstelle kostenlos. Er hatte wirklich überhaupt nicht begriffen, was eigentlich die Schwierigkeit in unserer Beziehung war und dass man dafür höchstens einen sehr erfahrenen und wahrscheinlich auch kostspieligen Spezialtherapeuten hätte aufsuchen müssen.

Die Beraterin war eine ältere Frau, die dann wissen wollte, wie lange wir denn schon verheiratet wären und ob wir Kinder hätten und so. Wir wussten erst nicht so genau, wie wir darauf antworten sollten, also welche Rolle wir jetzt einnehmen sollten, bis ich ganz frei heraus gestand, dass ich eine Affäre hätte, und meinen Mann schon einige Jahre mit einem Liebhaber betrog. Der Liebhaber fiel aus allen Wolken und wollte wissen, wer er ist und ob er ihn kenne. Ich sagte, dass er im Haus hinter der Kirche wohnte, also fast gegenüber von unserem Haus. Für die Beraterin kam das sehr überraschend und auf ihre Nachfrage, ob der Liebhaber, also für sie mein Mann, denn nichts gemerkt hätte, sagte er, dass er überhaupt keine Ahnung gehabt hätte und aus allen Wolken fiele. Wir kamen dann erstaunlich schnell zu dem Entschluss, dass wir es noch mal miteinander probieren und in Zukunft offen und ehrlich miteinander sein wollten. Im Auto sprachen wir gar nicht und zurück im Haus des Liebhabers fielen wir übereinander her, wie wir vielleicht noch nie übereinander hergefallen waren. Auf dem kurzen Fußweg nach Hause an der Kirche vorbei schwor ich mir, mit niemandem jemals darüber zu reden, selbst mit dem Liebhaber nicht.

DESINFEKTION

Es war kurz vor der Wahl gewesen, alles sah extrem gut für ihn aus, und dann fing er sich doch noch dieses Virus ein und drohte innerhalb von drei Tagen zu krepieren. So etwas in der Art, nur noch viel realistischer, also mit Beatmung, vollen Krankenhäusern und allem, hatte er geträumt. Es war echt verrückt, wie realistisch so ein verdammter Traum sein konnte und dass er überhaupt nicht mehr aus dem Kopf zu kriegen war.

Er hatte morgens gleich zwei Mal mit diesem grünen Zeug gegurgelt. Klar, das war nur Mundspülung, aber es hatte ja durchaus eine desinfizierende Wirkung. Er hatte gehört, es solle sogar gegen Pickel und Nagelpilz helfen, es konnte also nicht ganz verkehrt sein. Und auch bei diesem Chloroquin hatte er ein richtig gutes Gefühl. Diese Pillen halfen ganz wunderbar gegen Malaria und zusammen mit einem Antibiotikum, dessen Namen er jetzt nicht parat hatte, hatte die Mixtur durchaus Potenzial. Er nahm es jetzt schon seit zwei Wochen und es ging ihm wunderbar. Wenn er Angst vor Herzproblemen hätte, dann dürfe er ja gar nichts mehr machen. Am besten, dachte er, würde er einfach die ganzen Vorräte aufkaufen, dann würden die Experten schon sehen, wenn dann mal wirklich Not am Mann ist. Dann würden sie ihn noch anbetteln.

Trotz des sagenhaften Frühstücks mit Buttermilchwaffeln und frisch gepresstem Orangensaft blieb sein Traum von letzter Nacht seltsam lebendig. Nur die Nachrichten konnten ihn wieder etwas aufmuntern. Dieser Bursche aus Korea gefiel ihm wirklich gut. Wie der sein Land im Griff hatte! Erst verschwindet er für ein paar Wochen, ist einfach weg, und jetzt schlendert er mir nichts, dir nichts durch eine Düngemittelfabrik und grinst. Von dem konnte man echt noch was lernen.

HONKA, BAR DES VERGESSENS VIII

»Im Keller müssen noch ein Gasbrenner und ein paar Gasflaschen sein«, flüsterte Geraldine, als sie die drei

Steinstufen zu dem verkohlten Haus gegenüber der Bushaltestelle hinaufstiegen. »Woher weißt du das?«, wollte Max wissen. Wie sollte Geraldine ihm das jetzt erklären? Sie zog es vor, zu schweigen.

»Hier hat die Frau gewohnt, die den Virus ins Dorf gebracht hat«, holte Max aus. Geraldine versuchte, so ahnungslos wie möglich zu gucken.

»Echt?«, tat sie erstaunt und hielt sich dicht hinter Max, in der Hoffnung, er würde ihr nicht in die Augen sehen und die Lüge darin erkennen.

Das Bild verschwimmt und wird mit Wellenbewegungen in ein anderes Bild überblendet. Die Farben sind jetzt blasser, wie aus einem alten Film.

Einblendung: EINIGE JAHRE ZUVOR.

Vor dem Haus ist eine große Tafel aufgebaut an der etwa 15 internationale Gäste sitzen. Verschiedenes exotisches Essen ist auf dem Tisch drapiert. Die Frau, die Geraldine sehr ähnlich sieht, empfängt immer mehr Gäste, umarmt und küsst alle. Die Besucher lachen und nehmen an der langen Tafel Platz. Leute aus dem Dorf mit Mundschutz und Sicherheitsabstand zueinander beobachten als Passanten das Treiben.

Voice-Over Max: »Sie empfing immer Gäste aus der ganzen Welt und holte den Virus nicht nur einmal oder zweimal ins Dorf, sondern zigfach. Die Viren vermehrten sich und mutierten. Gegen solche Mutationen konnte niemals ein Impfstoff gefunden werden.«

Die Gäste an der langen Tafel mutieren nun selbst zu Zombies. Körperteile fallen ihnen ab, die wilde Party geht unaufhaltsam weiter. Einer sprüht »Honka, Bar des Vergessens« an die Hauswand.

Voiceover Max: »Sie feierten Tag und Nacht den Weltuntergang. Die Ansteckungsgefahr war ihnen egal, alles war ihnen egal. Sie trieben es wild durcheinander und der Virus wurde immer schlimmer. Das war dann das Ende.«

»Krasse Geschichte«, Geraldine hielt einen Moment inne, dann packte sie weiter Gläser mit Eingemachtem aus den Vorratsregalen in die NVA-Rucksäcke, unter anderem Gläser mit einer grünlich-gelben Flüssigkeit. Max beobachtete Geraldine eindringlich und dann, auf einmal, fiel es ihm wie Schuppen von den Augen.

»Irgendwie siehst du ihr ähnlich.«

Geraldine blickte ihm tief in die Augen. Sie hätte ihm gern etwas anderes sagen wollen, aber sie konnte es nicht.

»Ich weiß. Ich bin diese Frau.«

Geraldine schnürte sich jetzt der Hals zu, sie japste nach Luft. Krämpfe durchzuckten ihren Körper. Max hielt sie fest.

»Geraldine, was ist mit dir? O Gott. Nein!«

In dem Moment platzte Geraldines Haut auf und aus ihrem Körper schälte sich der Körper der anderen Frau heraus.

Andere Frau: »Gehirn …«

…

So ein Unsinn. So ein unsäglicher Schwachsinn, ich wusste selbst nicht, was mich dazu verleitet hatte. Das konnte ich unmöglich so lassen. Es war einfach von vornherein eine blöde Idee gewesen, dass Geraldine irgendwas mit der Frau in dem Haus zu tun hatte. Das machte alles nur total verworren. Geraldine war eine junge und gutaussehende Actionheldin, die in besonderen Situationen über sich hinauswachsen konnte. Keiner erwartete hier irgendeinen Twist. Es war so was von offensichtlich, dass die Autorin sich da in etwas verrannt hatte, das einfach nicht aufging. Ich würde alles löschen und irgendein Happy End dranhängen. Max und Geraldine würden realisieren, dass sie die letzten Menschen auf Erden sind. In einer romantischen Nacht am Lagerfeuer würden sie sagenhaften Sex haben und bald darauf würde Geraldine schwanger sein.

Wie ich diese Zombiegeschichte hasste. Das war doch alles einfach nur sinnlos und hohl.

BARFUSS

Da saß sie wieder auf diesem beknackten Drehsessel und wendete sich mit den elegant überschlagenen Beinen mal zu dem einen und mal zu der anderen. Sie hörte sie reden, aber was sie sagten, drang schon lange nicht mehr zu ihr durch. Waren es jetzt zu viele Betten oder Beatmungsgeräte oder zu wenig? Was wäre, wenn etwas zu früh gelockert werden würde oder zu spät? Wie lange sollte sie diese immergleichen sonntäglichen Sitzungen im zuschauerleeren Studio noch über sich ergehen lassen? Alles war so bleiern und statisch. Die erfolgreiche Talkmasterin spürte ernsthafte

Anzeichen eines Burnouts. Sie konnte nicht aufhören, daran zu denken, einfach von diesem Sessel aufzustehen, durch den Gang an der Maske vorbei, den Gang weiter und beim Technikausgang hinaus, über den Parkplatz, immer weiterzugehen. Vielleicht würde sie noch die Schuhe wechseln, vielleicht aber auch nicht. Vielleicht würde sie auch die Schuhe irgendwann einfach von den Füßen schleudern und barfuß weitergehen. Und immer weiter.

CHAOS

Nichts kann so rein sein, dass nicht auch immer ein Funke seines Gegenteils darin enthalten ist. Im Diamant ist Kohlenstaub, in der Lüge die Wahrheit und im Scheitern die Chance. Lange dachte der Mensch, er sei das Höchste und das Tollste auf der Welt, und die Viren seien die niederträchtigsten Fieslinge, die nur im Sinn haben, die höheren Wesen anzugreifen und mit Fieber und Eiter zugrunde zu richten.

Wenn ein Virenbefall für einen Einzelnen auch ein überflüssiges und in seinen Augen sinnloses Ärgernis darstellt, ist es für die Spezies hinsichtlich der Evolution eine Riesenchance. Als kleinste Untote sind die Viren die Losbude der Evolution. Sie ermöglichen den Austausch des Erbgutes zwischen grundverschiedenen Spezies, die weder durch Fortpflanzung noch durch andere Praktiken jemals in der Lage wären, ihre Gene miteinander zu vermischen, und ohne das wäre der Mensch niemals der geworden, der er war. Ich fragte mich schon, warum das nirgendwo bei Wikipedia zu lesen war. Wenn die Zombieserie mal durch sein würde, würde ich wohl ein paar Artikel ergänzen müssen.

HELDEN

Auf einmal gab es Helden, die niemals gedacht hätten, dass sie Helden sein könnten und es auch niemals darauf angelegt hatten. Sie wurden einfach zu Helden erklärt und mussten mit ihrem neuen Schicksal leben. Dabei saßen sie den ganzen Tag nur an der Kasse und scannten Barcodes. Später bekamen sie eine Plexiglasscheibe davorgebaut und scannten weiter. Sie waren die passivsten Helden in der Geschichte der Heldengeschichten. Am liebsten wären sie einfach nach Hause gegangen wie alle anderen, die keine Helden sein mussten, aber irgendjemand hatte gesagt, sie wären systemrelevant, und da saßen sie nun, waren Helden und scannten.

ZUKUNFT

Die anderen, also die nicht systemrelevanten, die über eine genügend große Wohnung verfügten, mit Balkon oder sogar eigenem Garten, nahmen sich vor, die Krise zu nutzen, um einfach mal richtig auszuspannen. Wie lange hatten sie schon gedacht, wie gut es doch wäre, einfach mal richtig auszuspannen und immer hatte es nicht geklappt. Wenn sie es genau betrachteten, war die Krise eigentlich wirklich ziemlich genial, weil alle anderen ja auch nichts tun konnten, und sie nicht immer das Gefühl haben mussten, etwas zu verpassen. Doch bald stellte sich heraus, dass selbst bei den Privilegierten die Idee mit der Entspannung nicht so richtig aufging. Die Menschen merkten, dass ihr ganzes Konzept des Ausspannens auf eine Zukunft ausgerichtet war, von der nun ungewiss war, ob sie überhaupt noch existierte. Und wenn die Zukunft nicht existierte, machte auch das Ausspannen keinen Sinn. Wofür genau sollten sie sich ausspannen? Welches Ziel sollte das verfolgen? Sie merkten stärker als jemals zuvor, dass sie nie gelernt hatten, in der Gegenwart zu leben. Und jetzt, als sie endlich bereit waren, es zu lernen, machte die Gegenwart, so ganz ohne Zukunft, einfach überhaupt keinen Sinn mehr. Raum und Zeit waren insgesamt nur noch schwer auszuhalten. Das Einzige, worauf man noch eine Zukunft hätte bauen können, war der eigene Tod.

TOD

Der Tod war jetzt zwar allgegenwärtig, zur gleichen Zeit aber noch unsichtbarer. Er war noch mehr verschwunden, als er ohnehin schon immer verschwunden war.

MÜSSEN

Es war 5:20 Uhr. Der Mann atmete noch ganz gleichmäßig, dabei war es schon ganz hell. Ich musste ihn aufwecken, jetzt sofort. Auf einmal wusste ich genau, was zu tun war, damit alles gut werden würde. Wir mussten auf die Baustelle, am besten jetzt sofort, denn wenn wir ab jetzt einfach alles selber machten, sparten wir wirklich viel Geld. Das wäre gar nicht so schwer und würde uns wieder viel näher zueinanderbringen. Und dann musste ich die Zombieserie abschicken oder zumindest eine Abschlagsrechnung stellen. Außerdem musste ich unbedingt die Sache mit dem Nachbarn klarstellen und mit meiner Mutter musste ich auch reden. Irgendwie überkam mich mit einem Mal große Lust, die Zombieserie an den Redakteur zu schicken, aber die hatten ja die Frauen von Amazon bestellt, und ich musste mich unbedingt davon abhalten, sie jetzt irgendwo anders hinzuschicken. Ich würde ihm gar nichts schicken, nie wieder.

TROST

Genau wie ihre Schwester, das Krankenhausschiff Mercy, war die Comfort ursprünglich mal ein Öltanker gewesen und dann zu einem hochmodernen Krankenhausschiff umgebaut worden. Mit über eintausend Betten, einem Hubschrauberlandeplatz, zwölf Operationssälen, einer Notaufnahme, einer Intensivstation, einer Radiologie, einer zahnmedizinischen Abteilung, verschiedenen Laboren, einem Leichenhaus, einer Wäscherei, Satelliteninternet und vielem mehr, hatte es alles, was ein modernes Krankenhaus ausmachte.

Die Comfort legte ab und er guckte hinterher. Ab und zu winkte er ein bisschen. Besser hätte man es nicht machen können. Die Comfort war das größte Krankenhausschiff der Welt, weiß, mit riesigen roten Kreuzen draufgemalt, und steuerte jetzt Richtung New York, wo sie Tausende von Kranken würde aufnehmen können. Das Wetter war perfekt, ein etwas trüber, regnerischer Tag, leichter Wind, der sich im Mikrofon brach. Er hatte extra noch diesen albernen Puschel abgemacht, den die Tonleute immer auf die Mikros steckten und der einem dann immer ins Gesicht hängt. Es war viel realistischer, wenn man den Wind hören konnte und die Motoren, die im Hintergrund liefen. Das war viel mehr die Message als die Worte, die ins Mikrofon gesagt wurden. Echt gewaltig, wie das Schiff im Hintergrund aus dem Wasser ragte, einfach gewaltig.

Auch wenn der Präsident es sich noch so sehr gewünscht hatte, da waren ihm die Hände gebunden. Letztlich würde es dem Krankenhausschiff doch nicht möglich sein, Infizierte an Bord zu nehmen. Allein schon die Bürokratie war für einen solchen Vorgang gar nicht ausgelegt. Aber das Schiff könnte im Hafen von New York aufragen und die roten Kreuze würden weithin sichtbar Hoffnung verbreiten. Auf jeden Fall würde keiner mehr sagen können, dass nichts getan wurde.

TROST II

Etwas weiter südlich, vor Miami, lag die Coral Princess mit ebenfalls über eintausend Betten und neunhundert Crewmitgliedern. Die Princess war das erste von zwei Kreuzfahrtschiffen der Coral-Klasse und schon seit siebzehn Jahren auf den Meeren unterwegs. Die Coral Princess hatte das Virus an Bord und auch schon ein paar Tote zu verzeichnen. Seit Tagen wartete sie auf die Erlaubnis, anlegen zu dürfen, aber an Land wollte man die infizierten Urlauber auch nicht haben. Man hätte sie dann in Quarantäne stecken müssen, aber es waren schon zu viele in Quarantäne. Eine Quarantäne ist eine gesetzliche Anordnung, Organismen, die im Verdacht stehen, Krankheiten zu übertragen, erst mal zu isolieren. *Quaranta giorni*, also vierzig Tage, verbot man in Venedig den Pestschiffen die Einfahrt in die Häfen, weil vierzig Tage dauerte das meiste in der Bibel, und dann konnte man ja sehen, was los war auf den Schiffen.

Der Schiffsarzt machte jetzt immer seine Runde durch die Gänge und besuchte die Patienten in ihren Kajüten. Die Außentemperaturen waren schon an die 30 Grad herangekommen und ohne die beständige Air Condition wäre es keine Minute auszuhalten gewesen. Die Bullaugen waren natürlich aus Sicherheitsgründen nicht zu öffnen, und nur die paar wenigen, die sich die Kajüten mit kleinem Balkon geleistet hatten, konnten regelmäßig an die frische Luft.

Jedes Mal wenn auf einem Schiff der Virus auftauchte, stoppte das Schiff seine Fahrt und ankerte dann irgendwo vor einem Hafen, denn es machte ja keinen Sinn, mit einem Schiff voller Infizierter weiter durch die Gegend zu schippern. Die Quarantäneflagge ist rein gelb und nach dem Flaggenalphabet die Flagge Q wie Quebec. Sie kann mit der Flagge W wie Whiskey kombiniert werden, die ist blau weiß rot und bedeutet: »Ich brauche einen Arzt.« Der Moment, in dem das grenzenlose Vergnügen kippt, weil eine hochansteckende Krankheit durch die Korridore streicht, brannte sich schnell ins kollektive Unbewusste ein und machte das Kreuzfahren zu einem Horrorszenario.

SINN

Natürlich hatte das Virus, das das öffentliche Leben auf dem gesamten Erdball lahmlegte, keinen Sinn. Einen Sinn im Sinne von höherem Sinn wird es wohl sowieso nie geben, außer man glaubt an eine Religion oder Ähnliches. Das Internet findet unter Sinn nur einen Spezialuhrenhersteller.

Sinn im Sinne von Bedeutung wird das Virus sicherlich gehabt haben. Ein Clubbetreiber, der sein Tanzlokal schließen musste und nie wieder aufmachen konnte, für den wird es eben diese Bedeutung gehabt haben. Oder für Ehen, die zerbrachen, in der engen Wohnung über Wochen.

Sinn im Sinne von Zweck allerdings sicher nicht.

Zweck setzt ja eine gewisse Absicht voraus. Also, wenn jemand das Virus absichtlich in die Welt gesetzt hätte zu dem Zweck, eine Rezession herbeizuführen, um damit das Börsengeschehen wieder neu zu befeuern, das wäre natürlich rein theoretisch möglich. Am Ende ist es wohl für jeden eine persönliche Einschätzung, ob das Virus einen Sinn gehabt haben wird, und was er oder sie über sein oder ihr Tun denkt und ob man jemals wieder so weitermachen kann.

Letztendlich kann der Mensch gar nicht anders, als Sinn erkennen zu wollen, und Gründe und Ursachen. Er stellt sich vor, dass die Natur ihm etwas sagen will, ihm sein Handeln vor Augen führen und ihn bekehren.

SAUERTEIG

Für Sauerteig braucht es nur zwei Zutaten: Wasser und Mehl. Die mischt man zu etwa gleichen Teilen zusammen und lässt sie an einem warmen Ort ruhen. Alle zwölf Stunden geht man hin und rührt einmal um und fügt wieder dieselbe Menge Mehl und Wasser hinzu. Das macht man ungefähr fünf Tage lang und dann hat man einen Sauerteig. Das ist dann die Mutter. Und diese Mutter kann Tausende an Sauerteigbroten hervorbringen, sie kann Jahrzehnte, Jahrhunderte oder vielleicht sogar ewig halten, wenn man sie nicht verhungern lässt.

2,3 Millionen Waffen wurden im März verkauft, 85 % mehr als in einem normalen Monat. Der Amerikaner und die Amerikanerin hatten ganz stark das Gefühl, es könnte zu einer Situation kommen, in der er oder sie auf die Waffe angewiesen sein würde. Der Ansturm auf die Waffenläden kam selbst den Gesetzgebern etwas viel vor und sie entschlossen, sie vorübergehend lieber zu schließen. Als es daraufhin zu Tumulten kam und die Entscheidung noch mal genauer geprüft wurde, da musste das Heimatschutzministerium erkennen, dass die Waffengeschäfte sehr wohl zur kritischen Infrastruktur gehörten und deswegen unbedingt offengehalten und auch in den schlimmsten Momenten der Krise nicht geschlossen werden durften. Ab da galt die Waffe als lebensnotwendig.

HONKA, BAR DES VERGESSENS IX

Fahles Sonnenlicht drang durch den trüben Himmel. Einige Gestalten schleppten sich über den Platz, und wenn man es nicht genau gewusst hätte, hätte man denken können, dass es sich um das ganz normale Dorfleben handelte.

Eins, zwei, drei. Sie stießen mit ihren Schnürstiefeln die Flügeltüren des Gartentores auf und ballerten sich den Weg frei. Geraldine hielt den Abzug des automatischen Sturmgewehrs einfach durchgedrückt und die Patronenhülsen regneten nur so aufs Trottoir. Max hatte mit einem gekonnten Schlag auf den

Druckminderer den Gasbrenner aus dem verbrannten Haus zu einem Flammenwerfer umgearbeitet und es floss so viel Butangas durch die Leitung, dass sich eine wahre Feuersbrunst entwickelte. In diesem Moment, als sie sich von hinten an ihn drückte und seinen starken Oberkörper spürte, während er eine Kreatur nach der anderen in Holzkohle verwandelte, wurde Geraldine klar, dass es niemals mehr besser würde sein können. Es würde die kürzeste und beste Beziehung ihres Lebens gewesen sein und nichts würde das jemals mehr toppen können. Und damit war die Sache für sie hier auch zu Ende. Sie hätte jetzt auch auf der Stelle sterben können, vielleicht wäre es sogar das Beste gewesen, denn nun konnte alles, was noch kam, nur noch ein lahmer Abklatsch sein.

BINGO

»Bingo«. So lautete tatsächlich der Betreff seiner E-Mail. Erst dachte ich, es sei mit dem Projekt ein Schritt weitergegangen, dass sich endlich jemand dafür erwärmt und grünes Licht gegeben hätte, aber stattdessen folgte ein Kochrezept.

Der Redakteur schickte mir ein Rezept für georgische Auberginen mit Walnussfüllung und Granatapfelkernen. Das Rezept hatte er scheinbar aus dem Internet kopiert und von ihm stammten lediglich die Worte »super lecker!«. Ich war mir nicht ganz sicher, in welchem Sinne er diese zwei Wörter samt Ausrufezeichen verwendete, und ich hatte auch überhaupt keine Lust, lange darüber nachzudenken. Was sollte er schon damit meinen, er fand es eben einfach super lecker. Wie konnte man nur so gefühllos sein?

KRANKENWAGEN

Vor dem Haus der Nachbarn stand der Krankenwagen. Natürlich dachte ich zuerst, dass irgendwas mit der schwangeren Nachbarin sei, vielleicht gab es Komplikationen oder so. Ich sagte den Kindern, dass sie allein zu Ende frühstücken sollten und lief rüber. Als ich drüben ankam, ging die Tür auf und Männer, die ganz in Plastikanzüge gehüllt waren, brachten eine Trage heraus. Zwei von ihnen hatten Anzüge aus blassrotem Plastik an und einer einen aus blassgelbem. Der mit dem blassgelben Anzug lief neben der Trage her und betätigte einen Blasebalg. Ich musste schon genau hinschauen, um den Nachbarn zu erkennen, der, möglicherweise ohne Bewusstsein, auf der Trage lag. Von oben schaute die Freundin des Nachbarn aus dem Fenster, aber als sie mich sah, ging sie einen Schritt zurück, wahrscheinlich wollte sie nicht mit mir reden müssen. Die schwangere Nachbarin lugte mit einem Mundschutz bekleidet unten aus ihrer Tür. Es sei ganz schnell gegangen, gestern Abend hätte er wohl Fieber bekommen und am nächsten Morgen bereits keine Luft mehr.

»O Gott, wie schlimm«, sagte ich und hielt mir die Hand vor den Mund. Ich wusste nicht, was ich noch sagen sollte, und setzte mich auf die kalten Granitstufen der Treppe. Die Nachbarin sagte noch, dass die Freundin des Nachbarn jetzt in Quarantäne sei, dass sie das Gesundheitsamt schon verständigt hätten und sie alle gleich auf den Virus getestet werden würden. Normalerweise hätte sie mir einen Arm um die Schulter gelegt, denn als Hebamme wusste sie, wie man mit solchen Situationen im Leben umging, aber jetzt setzte sie sich in gebührendem Abstand neben mich auf die Treppe. Ich wollte alles erklären, brachte aber kein Wort heraus.

SCHNECKE

Er war nicht von der Schnecke loszukriegen, obwohl die Homeschool schon längst angefangen hatte. Erst als ich entschied, jetzt eben Biologie zu machen, und anfing zu erklären, dass die Schnecke ein Zwitterwesen sei, das beide Geschlechter zugleich hatte, ließ er von ihr ab.

Während des Unterrichts musste ich an den Nachbarn denken. War er jetzt wohl an lauter Geräte angeschlossen oder lag auf dem Bauch und wurde beatmet? »Hey, wie geht es dir?«, schrieb ich ihm als Kurznachricht, aber dann löschte ich sie wieder und begann die Viererreihe aufzusagen: 4, 8, 12, 16. Es sollte mit dem Kleinen nicht auch so weit kommen wie mit dem Großen, dass einfach irgendwann alles zu spät war.

Als er nach der Homeschool gedankenlos in den Garten rannte, gab es dieses fiese, hart knirschende Geräusch, und er wusste sofort, dass jetzt nichts mehr so sein würde wie zuvor. Ich nahm ihn in den Arm und versuchte, ihm zu erklären, dass seine Schnecke jetzt bestimmt in den Schneckenhimmel kommen würde, aber ihm war voll und ganz bewusst, dass er die alleinige Schuld am Tod der Schnecke trug und dass sich das auch nicht wieder rückgängig machen ließ, und jetzt heulte er erst richtig los.

Das Einzige, das ihn schließlich etwas ablenken konnte, war ein ziemlich aufwendiges Schneckenbegräbnis, für das wir Gummischlangen aus dem Dorfsupermarkt holten. An der Kasse im Dorfsupermarkt schickte ich schnell eine Nachricht an den Nachbarn. »Bist du ok? Ich hoffe, es ist nicht so schlimm.«

Die Schnecke hat noch gelebt, als wir sie in ihr Grab legten. Das Einfachste wäre gewesen, sie mit der Schere zu zerschneiden, aber das wollte der Kleine auf keinen Fall, also begruben wir sie, so wie sie war, bei lebendigem Leib zusammen mit einer Gummischlange.

LEICHEN

In Brooklyn steht ein Bestatter in seinem Keller voller Leichen und schreit in die Kamera. Auf keinen Fall kann er noch weitere Leichen aufnehmen, er sei total überrannt worden. Man merkte ihm an, dass er wirklich nicht mehr wusste, wo ihm der Kopf stand. Ich fragte mich, ob die in weiße Tücher gehüllten Körper wirklich Leichen waren, weil es hieß ja eigentlich, dass die Leichen hochinfektiös wären. Als Nächstes schwenkte die Kamera eine lange Reihe von Kühllastwagen ab, die vor einem Krankenhaus auf dem Parkplatz standen. Ich rief nach hinten, dass die Kinder sich schon mal die Zähne putzen sollten. Keine Antwort. Ich klickte auf ein Video, das ein Passant von einem Gabelstapler gemacht hatte, der gerade eine Leiche im Leichensack in den Kühlwagen hebt. Amateurvideos sind oft zu spannend für mich und ich kriege die Bilder dann nicht mehr aus dem Kopf. Das Bild wackelte in dieser beunruhigenden Weise, wie nur Amateurvideos wackeln, und ich hörte den Filmenden deutlich atmen. Zu sehen gab es nicht wirklich viel. Sein Außenspiegel ragte ins Bild und dann sah man kurz ein Handy mit einem Ansatz von weißen Haaren dahinter, wie es den Außenspiegel filmt.

Zum Ins-Bett-bringen lasen wir an diesem Abend keine Geschichte, sondern sprachen darüber, wie man uns mal begraben sollte. Bis vor Kurzem wollte ich noch verbrannt werden, aber nun hatte ich meine Meinung geändert und wollte lieber von Würmern gefressen werden. Dafür ist die Beschaffenheit der Erde wichtig, erklärte ich meinen Kindern, also lockere, fruchtbare Erde und kein Sarg. Am besten sei ein Leinentuch. Mein älterer Sohn wollte als Mumie begraben sein. Vorher wollte er sich ein Haus bauen, das so aussehen sollte wie eine Pyramide, und da rein würde er sich ein Loch schneiden und da könnte dann jeder reinschauen, und er, als Mumie, könnte rausschauen. In dem Rest des Hauses könnten seine Freunde wohnen und chillen. Er lief schon seit zwei Tagen in seinem weißen Aikidoanzug herum und stellte sich vor, er sei eine Mumie.

Der Kleinere hatte sich immer noch nicht die Zähne geputzt. Am schlimmsten ist es, wenn Drohungen nicht mehr helfen. Ich hatte versucht, ihm deutlich zu machen, wie die verfaulten Zähne stinken werden, und dass er all seine Freunde verlieren würde, aber das ließ ihn alles kalt. Ich hatte keine Kraft mehr, hielt die restlichen Gummischlangen in die Luft und sagte: »Ich zähle jetzt bis drei und dann esse ich alle Gummischlangen auf.« Da rannte er, so schnell er konnte, ins Bad und putzte los.

INDIEN

Als in Indien verkündet wurde, dass sofort alle Arbeiten einzustellen seien und jetzt jeder bitte nach Hause gehen soll, um sich dort mal nur um sich selbst zu kümmern, da merkte man erst, wie viele Menschen gar nicht zu Hause waren, sondern nur von morgens bis abends arbeiteten und nachts einfach irgendwo schliefen. Die Arbeiter, die nun keine Arbeit und kein Zuhause mehr hatten, warteten noch einen Tag, aber als sie merkten, dass sich so schnell nichts ändern würde und dass sie Hunger bekamen, machten sie sich auf den Weg in ihre Heimatdörfer. Da aber auch keine Busse und Bahnen mehr fuhren, weil die Bus- und Bahnfahrer auch zu Hause bleiben sollten, machten sich Millionen von Arbeitern zu Fuß auf den Weg und trugen das Virus ins ganze Land. Es zeichnete sich schnell ab, dass das keine so gute Idee gewesen war, und man beschloss, zum Schutze der Bevölkerung, die Grenzen zwischen den einzelnen Bundesstaaten Indiens dichtzumachen. Da saßen sie dann, die Wanderarbeiter, konnten nicht weitergehen auch nicht mehr zurück und wurden hin und wieder von Polizisten mit Desinfektionsmittel abgespritzt.

SEX

Es war natürlich Unsinn, anzunehmen, dass man während einer solchen Situation mehr Lust auf Sex bekommen könnte und wie bei einem Stromausfall in circa neun Monaten mit ganz vielen Babys zu rechnen wäre. Mir persönlich erschien Sex von Tag zu Tag nur noch sinnloser. Ich habe mal gelesen, dass es beim Sex keinen Fortschritt gäbe, also, dass es letztendlich immer auf dasselbe hinausliefe, und irgendwie fand ich immer mehr, dass das stimmte und das bedrückte mich.

Der Nachbar hatte auf meine Kurznachricht nicht geantwortet. Ich guckte sie mir immer wieder an. Es war natürlich total idiotisch gewesen, zu schreiben: »Bist du ok?«

ISOLATION

Jetzt war es endlich bewiesen. Der Virus war da, also bei uns, und er war gefährlich. Jetzt gab es einfach nichts mehr zu diskutieren. Da habe ich meine Mutter gepackt, sie ins Auto gesteckt und in die Wohnung gefahren, die ich für sie organisiert hatte. Ich habe sie wirklich gepackt, also mit beiden Händen ihren Körper gehalten, sodass sie nicht mehr auskam. Ich kann mich nicht erinnern, dass ich jemals zuvor etwas Ähnliches getan hätte. Ich habe gesagt, Schluss, aus, keine Diskussion mehr. Auf der Autofahrt sagte meine Mutter gar nichts und schaute nur aus dem Fenster. Ich spürte, wie traurig und wie wütend sie auf mich war, und ich konnte es ihr nicht erklären.

»Und wer kümmert sich um den Garten?«, fragte sie dann. Ich konnte diese Frage nicht mehr hören.

»Ich!«, schrie ich. »Oder keiner.«

»Der Garten kommt auch alleine durch«, fügte ich etwas später noch hinzu. »Es geht um Leben und Tod, verstehst du das nicht?«

»Und wer kümmert sich um den Bokashi?«

Ich spürte schon, dass irgendetwas an der ganzen Sache unverhältnismäßig war und ich womöglich die Grundrechte meiner Mutter verletzte, aber es war die letzte Chance, sie zu retten. In der kleinen Wohnung gab es eigentlich alles, was man brauchte. Eine Einbauküche und Laminatboden, sehr einfach möbliert. Ich übergab ihr den Schlüssel, Handtücher und Mülltüten und überließ sie ihrer Isolation.

EPIDEMIE

Ich habe immer gedacht, die Kinder brächten die Läuse aus dem Kindergarten oder aus der Schule mit. Nun gab es keine Schule und die Kinder hatten trotzdem welche. Ich hasse diese Läuse. Ich hasse das Läusemittel, ich hasse den Nissenkamm und wie die Kinder quengeln, wenn man ihnen die Haare auskämmen will. Die Läuse sind das Schlimmste an der Schule und am Kindergarten. Der Mann sagte nur, das sei doch prima, daran sehe man, dass die Homeschool eine richtige Einrichtung sei wie jede andere Schule auch. Ich schüttete die ganzen Reste unserer Läusemittel zusammen und wusch gleich beiden Kindern die Köpfe damit. Erledigt, dachte ich. Zwei Tage später kam die erste SMS.

Ich stellte mich gerade schlafend und wartete auf den Liebhaber, als die SMS der Nachbarin eintraf, dass sie Läuse bei ihrem Kind entdeckt hätte. Eigentlich darf man bei dem Spiel nicht auf sein Telefon schauen oder Nachrichten schreiben, weil man schläft ja oder ist betäubt, aber ich hatte schon so ein komisches Gefühl. Ich hatte ja noch an alle Kontaktpersonen schreiben wollen, dass meine Kinder Läuse gehabt haben, aber dann kamen die Liebhabertage und ich musste das Läusethema wohl irgendwie verdrängt haben. Ich legte das Telefon weg und stellte mich weiter schlafend, fragte mich aber schon, ob es notwendig wäre, dass ich jetzt auch welche entdeckte, oder besser nicht? Ich konnte natürlich gar keine entdecken, weil es waren ja Liebhabertage, also schrieb ich schnell: »Oh, danke, ich guck gleich mal bei meinen.«

Ich versuchte noch ein letztes Mal, mich schlafend zu stellen, aber dann fiel mir ein, dass ich unbedingt noch der anderen Nachbarin, also der, deren Mann gerade im Krankenhaus war, schreiben musste, dass die Nachbarin geschrieben hatte, sie hätte Läuse entdeckt. Ich hätte noch keine entdeckt, schrieb ich, würde aber gleich noch mal gucken. Das bereute ich dann aber gleich, weil Läuse ja ganz unwichtig waren, im Vergleich zu der Situation mit ihrem Mann und schrieb noch hinterher, dass es mir leid täte, dass mit ihrem Mann und dass ich oft an ihn dächte.

HONKA, BAR DES VERGESSENS X

Geraldine wollte die übelriechende Flüssigkeit möglichst weit vom Nachtlager wegbringen, sonst würde der Mief ihnen nur schlechte Träume bereiten. Sie hatte keine Ahnung, was es war, aber das Zeug stank wirklich grausam, nach Verdauung und Fürzen. Sie hatte es zusammen mit den anderen Gläsern Eingemachtem eingepackt, konnte sich aber nicht vorstellen, dass das jemals etwas Essbares gewesen sein sollte.

Max und sie hatten ein großes Feuer gemacht und unter anderen Umständen hätte es durchaus so etwas wie ein romantischer Abend werden können, jetzt, wo sie der Hölle der Untoten entkommen waren. Zusammengekittet wie Pech und Schwefel hatten sie die größte Gefahr überstanden, aber im Nachhinein betrachtet war die Bedrohung, der sie ausgesetzt waren, auch ihre einzige Gemeinsamkeit. Es half alles nichts, sie waren von Grund auf verschieden. Vermutlich wäre es das Natürlichste gewesen, jetzt wo die Welt in Schutt und

Asche lag, für immer zusammenzubleiben, aber Geraldine spürte, dass das Natürlichste nicht das war, was sie wollte, und sich ihre Wege hier trennen mussten. Niemals würde sie sich dauerhaft dem Willen dieses einfältigen Manntieres ausliefern.

Sie ging durch die Blätterwand hindurch, noch ein Stückchen weiter ins Gebüsch hinein und wollte gerade die Plörre wegkippen, als sie die Augenpaare in der Dunkelheit bemerkte. Im Reflex schleuderte Geraldine das Furzwasser in die Richtung der Gestalt und wollte die Flucht antreten, als etwas Sonderbares geschah. Phosphorisierende Blitze zuckten über die Gestalt. Der Zombie schien das übelriechende Zeug nicht gut zu verkraften und sank wie nasser Lehm zu Boden. Geraldine nahm das Sturmfeuerzeug heraus, um nachzusehen, was genau da los war: Der Zombie war komplett zerfallen. Alles, was von ihm noch übrig war, war ein Häufchen Erde. Sie besah sich das Glas noch mal genauer und entdeckte ein Stück Pflaster, das auf das Glas geklebt war. Darauf stand in krakeliger Schrift: *Bokashi*.

EPIDEMIE II

Am nächsten Tag meldeten sich die Wochenendler. Sie waren etwas aufgeregt und sagten, sie hätten bei ihren Kindern Läuse gefunden. Sie hatten gleich mehrere von den teuren Läusekuren aus der Apotheke geholt und die Köpfe ihrer Kinder wiederholt damit behandelt. Ich hatte in diesem Moment irgendwie keine Zeit zu antworten, aber am nächsten Tag fragten sie noch mal nach, weil da stand mein Kind bereits wieder vor ihrer Tür. Sie sagten, dass es ihnen lieber wäre, sie würden meinem Kind eine Läusekur spendieren, also einfach so, präventiv. Ich schrieb nur: »Ja, ok, super«, und hoffte, dass mein Kind nicht verriet, dass es schon eine Läusekur gehabt hatte.

DRAMATURGIE II

Wir gingen davon aus, dass der Höhepunkt noch kommen würde. Es konnte aber auch sein, dass es sich um ein modernes Stück handelte, in dem es gar keinen richtigen Höhepunkt geben würde. Es konnte sein, dass die Explosion, die alles sprengen sollte, gar keine Explosion, sondern eine Implosion werden würde, bei der alles in sich zusammenfiel.

Wir werden siegen, hatte die Queen im Fernsehen gesagt. Die Queen sprach jetzt im Fernsehen zu ihrem Volk, weil der britische Premierminister mit seiner Virusinfektion auf die Intensivstation verlegt worden war. Vom Krankenbett aus hatte er immer noch herumtwittern und so die Geschäfte irgendwie weiterführen können, aber als er auf die Intensivstation gebracht wurde, verstummte er. Die Königin sagte, dass wir unsere Freunde und unsere Familie bestimmt bald wieder sehen könnten und dass wir dann stolz sein würden, wie toll wir das alles gemeistert haben werden. Natürlich waren das nur leere Worte zum Trost, aber ich leitete den Link mit dem Artikel trotzdem an meine Mutter in die Wohnung weiter.

BÄM

Unvorstellbar, was diese Weltgesundheitsorganisation alles vergeigen konnte. Jedes Jahr kriegten diese Marionetten 400 Millionen und wenn mal was war, dann rannten sie kopflos durch die Gegend. Das konnte doch nicht so schwer sein. Sie hatten nichts anderes zu tun, als genau dieses eine Virus aufzuspüren, und was machten sie? Sie ließen es einfach durch, ließen es in die ganze Welt und berichteten dann von den schlimmen Zahlen und wer was zu tun versäumt hatte. Sie hätten ja nur einmal bei den Breaking News aufpassen müssen, dann hätten sie es gleich gesehen, dass sich da was zusammenbraute. Ihr Geld kriegen die auf jeden Fall gestrichen, dann können sie mal zeigen, was sie draufhaben. Sesselpupser.

Er war immer noch im Bademantel und hatte sich wieder ins Bett verzogen. Er musste aufpassen, dass er jetzt keinen Fehler machte. Das ganze Land saß verschüchtert in seinen Häusern und wusste nicht, was los war. Das war nicht sein Stil, das war nicht Amerika. Dabei wusste er doch genau, was die Leute wollten. Politik ist wie Wrestling. Überhaupt hatte er vom Wrestling viel gelernt. Das waren richtig gute Geschichten. Es gibt den Guten, den *Face*, und den Bösen, das ist der *Heel*. Er selbst war immer schon der

Heel. Ein Heel darf alles, und das ist auch seine Aufgabe. Er darf auf einmal eine Waffe herausholen, auch wenn sie eigentlich verboten sind, er darf jeden und alles beschimpfen, er darf aus dem Ring steigen, wann immer ihm danach ist. Er darf das, weil er es einfach macht. Nur eines darf er nicht: Er darf nicht schwach werden oder sonst irgendwie nach Sympathie heischen, damit irgendein Mob ihn mögen soll. Anders als beim Wrestling ist im real life nicht der Face der Sieger, im real life ist es immer der Heel. Bäm, musste er dieses Virus fertigmachen! Einfach ausknocken. Und er musste wissen, wer seine Feinde und wer seine Freunde waren. Und so entschied der amerikanische Präsident, an all seine Freunde ein paar Päckchen von dem Chloroquin zu schicken. Sicher kam die Zeit, wo er mal einen Gegengefallen einfordern müsste.

SONDERSENDUNG

Die Nachrichten waren zu Ende und eigentlich wäre jetzt die Talkshow dran, aber dann kam doch nur eine Ansagerin. Aus persönlichen Gründen würde die Sendung diese Woche ausfallen. Jetzt war ich extra mal rechtzeitig am Computer und hatte sogar schon den Livestream des Senders aufgemacht. Aus gegebenem Anlass, sagte die aufgeräumte Ansagerin, käme ein Bericht über die unhaltbaren Zustände in den Schlachtbetrieben. Ich ließ den Tab im Hintergrund geöffnet und googelte, was denn mit der Talkshow war. Anscheinend gab es etwas mit der Talkmasterin, aber das wurde nicht so genau gesagt. Probleme, die nicht so genau benannt werden, sind meistens schlimm. Aus persönlichen Gründen, stand auch im Internet, da wird man ja schon neugierig. Aber es war einfach nicht rauszukriegen, ob sie sich was angetan hatte, oder was eigentlich los war. Im Hintergrund wurde berichtet, dass sich fast alle Mitarbeiter in einem Schweinefleischzerlegebetrieb mit dem Virus infiziert hätten. Erst kürzlich hatte sich der Export nach China verdoppelt und überhaupt war der Handel mit billigen Fleisch- und Wurstwaren eines der wenigen Geschäfte, die während des Shutdowns florierten. Als ich wieder auf den Tab klickte, sah man Arbeiter vor einer Massenunterkunft, die gerade Plastiktüten über einen Bauzaun gereicht bekamen. Viele schauten in Unterhemden aus den Fenstern, und die, die die Tüten hinübergereicht hatten, verschwanden ziemlich schnell wieder. Dabei hatte ich mich eigentlich schon ein bisschen auf die Talkmasterin und ihr sanftes Lächeln gefreut.

KLOTZ

Ich hatte niemandem etwas gesagt. Wenn man die Tür etwas schneller zuzog, dann knarzte sie auch nicht. Ich bin ins Auto gestiegen und zum Bahnhof gefahren. Ich musste einfach wissen, was los war, und so saß ich schließlich mit einer Maske in der Bahn in die Stadt. Die Bahn war seltsam leer, aber das hatte ich ja schon im Internet gesehen. In Wirklichkeit war sie natürlich nicht leer, sondern halb leer, aber komisch war es trotzdem.

Das Krankenhaus war ein brutaler Klotz, mitten in der Stadt. Ein zwanzigstöckiger Würfel mit einer Kantenlänge von 100 Metern. Diese Demonstration von Größe, die mir früher fehl am Platz schien, wirkte jetzt beruhigend und angemessen auf mich. Vielleicht würde ich hier sogar dem Mega-Virologen begegnen, er war ja immerhin der Leiter der Virologischen Abteilung des Klotzes.

Je näher ich kam, desto weniger wusste ich, was ich eigentlich herauszufinden hoffte. Der Nachbar war hier irgendwo drin, aber ich wusste auch, dass die Station der Infizierten gesperrt war, zumindest sagten das die Medien. Die Eingangshalle war erstaunlich leer. Ich tat so, als wüsste ich genau, wo ich hinwollte, ging am Pförtner vorbei und steuerte auf die Fahrstühle zu. Die Tür öffnete sich, ich trat ein und drückte auf die 20.

BIOLOGISCHE KAMPFSTOFFE

Biologische Kampfstoffe sind gesundheitsgefährdende Keime, die als Waffe eingesetzt werden. In diesem Fall ist der eigene Körper die Waffe, die man die ganze Zeit mit sich herumträgt und auch gar nicht ablegen kann.

Als Erster war Robert Koch auf die Idee gekommen, der ganz früher mal der Star-Virologe in dem Klotz gewesen war, als der Klotz noch kein Klotz, sondern viele kleine Ziegelhäuschen war. Also, auf die Idee, die Keime als Waffe einzusetzen, ist ein anderer gekommen, nachdem Robert Koch darauf gekommen war, das Milzbrand-Bakterium zu isolieren und zu vermehren. Mittlerweile wird an den verschiedensten biologischen Kampfstoffen geforscht, und wäre ihr Einsatz nicht verboten, würde noch viel mehr daran geforscht werden, also nicht nur inoffiziell. Es soll Keime geben, die Treibstoff zersetzen oder die Tarnfarbe von Flugzeugen und Panzern in eine andere verwandeln oder ganz klassisch: die Erreger von Cholera, Pest, Pocken, Ebola oder Rotz.

Das Problem an biologischen Kampfstoffen ist, dass man sie nur schwer ausprobieren, und einmal ausprobiert, nur schwer stoppen kann. So kann es leicht passieren, dass die Krankheitserreger, nachdem sie das Feindesland verwüstet haben, auch noch das Heimatland verwüsten.

INDIEN II

Der indische Premierminister entschuldigte sich für die Unannehmlichkeiten. Vor allem für die Armen würde eine schwere Zeit anbrechen. Sie sollten versuchen, sich selbst zu helfen, dabei aber unbedingt in ihren Hütten bleiben und die Hygieneregeln einhalten. Er ließ auf YouTube eine 3-D-Figur seiner selbst veröffentlichen, die zu sphärischen Klängen Yogafiguren vorführte und so zur Beruhigung und Entspannung beitragen sollte.

Die Armen aber, die bald ihre letzten Vorräte aufgebraucht hatten, verließen ihre engen Unterschlüpfe und versammelten sich auf den Plätzen der großen Städte. Jeder, der sah, wie sich so viele Menschen an einem Ort drängten und Parolen schrien, ahnte, wie der Virus da in der Menge herumspringen konnte und die freie Auswahl hatte. Die Polizisten versuchten, die Menge mit langen Stöcken auseinanderzutreiben. Aber die aus der Menge spuckten die Polizisten an, denn sie waren jetzt selbst die beste Waffe.

KLOTZ II

Im zwanzigsten Stock war die innere Medizin. Ich ging den Gang einmal rauf und wieder runter. Einige der Patientenzimmer standen offen, Männer und Frauen lagen in ihren Betten. Ich ging am Schwesternzimmer vorbei und merkte wieder, dass es mir durchaus einen gewissen Reiz verschaffte, an Plätzen zu sein, an denen ich nicht hätte sein dürfen. In gewisser Weise schien ich die Kunst zu beherrschen, unsichtbar zu sein. An einer Tür stand *Untersuchungszimmer*. Ich ging hinein und befand mich in einem kleinen Raum mit einer Liege, über die eine weiße Papierbahn gespannt war. Neben der Liege stand ein Stuhl. Ich setzte mich auf die Liege und wartete. Nichts passierte, ich hörte nur das Schlurfen von Pantoffeln auf dem Flur. Ich stand auf und wusch mir am Waschbecken die Hände, danach desinfizierte ich sie mir mit dem praktischen Spender, der neben dem Waschbecken an der Wand befestigt war. Ich sah mein Gesicht im Spiegel an, meine Wangen waren gerötet, vermutlich wegen der Aufregung. Außerdem hatte ich einen Riesenhunger, aber in meiner Tasche war nur ein halbvolles Tütchen Nüsse. Ich öffnete eine Plexiglasschublade, die an der Wand befestigt war, darin waren Spritzen. Ich hätte ohne Probleme welche einpacken können und bestimmt auch irgendwelche Medikamente, aber ich wollte nicht. Diesmal legte ich mich auf die Liege und schloss die Augen. Ich stellte mir vor, wie der Mega-Virologe in das Untersuchungszimmer kommen und sich neben die Liege setzen würde. Ich fragte mich, ob er mich jetzt wohl untersuchen würde, aber das tat er nicht. Ich spürte nur, wie sein gelassener und alles vergebender Blick auf mir ruhte.

HASE

Ich hatte das Auto am Bahnhof abgestellt und für den Fall, dass ich es nicht mehr zurückschaffen würde, den Schlüssel in der hinteren Stoßstange versteckt. Nicht, dass ich unbedingt vorgehabt hätte, es nicht zurückzuschaffen, aber manchmal hat man eben so ein Gefühl.

Das Auto hatte sich den Tag über aufgeheizt und ich kurbelte die beiden vorderen Fenster herunter. Ich genoss die trockene Luft, die mir während der Fahrt die Haare ins Gesicht wehte. Es war schon die ganze Zeit so trocken, dass vermutlich der kleinste Funke genügen würde, alles in Flammen aufgehen zu lassen.

Obwohl die Haare mir ins Gesicht wehten, konnte ich den Hasen gut erkennen. Er war aus dem Straßengraben auf die Straße gesprungen und rannte nun vor meinem Auto her. Natürlich hatte ich gleich gebremst und fuhr jetzt deutlich langsamer. Das schien den Hasen aber auch nicht auf die Idee zu bringen, sich wieder in den Straßengraben zu flüchten. Er lief immer weiter geradeaus vor meinem Auto her. Ich fragte mich, wie schnell so ein Hase eigentlich laufen konnte, und erhöhte die Geschwindigkeit.

Wie schwer so ein Hasenkörper war, hat mich dann doch sehr erstaunt, als es unter dem Auto rumpelte. Ich bin sofort auf die Bremse, das hatte ich wirklich nicht gewollt. Als ich ausstieg und mich hinunterbeugte, sah ich, dass der Hase noch lebte. Ich hätte das Geschehene gerne rückgängig gemacht, aber da war nichts mehr rückgängig zu machen. So konnte ich ihn aber auch nicht lassen, er hatte ja bestimmt innere Verletzungen. Als ich ihn an den Hinterläufen nahm, zappelte er und ich spürte, dass er noch eine unbestimmte Hoffnung hegte. Es war Glück, dass gleich am Straßenrand ein großer Findling lag, an dem ich dem Hasen mit einem Schlag das Genick brechen konnte. Jetzt bewegte er sich nicht mehr. Ich legte ihn hinten in den Kofferraum und setzte mich wieder ans Steuer. Das Adrenalin floss mir durch die Adern und heizte meinen Körper noch weiter auf. Ich hatte wirklich keine Ahnung, wie das hatte passieren können. Ich war ziemlich überrumpelt, aber irgendwie, fand ich, war es auch das Normalste der Welt.

GEFAHR II

Frühestens im Winter sollte der Impfstoff spätestens gefunden sein. Es waren schon Milliarden für die Entwicklung aufgetrieben worden, und für weitere Milliarden war er bereits mehreren versprochen, die ihn dann als Erstes bekämen. Trotzdem blieb uns das Virus ein Rätsel und jeden Tag kam etwas Neues heraus, das bis dahin noch gänzlich unbekannt gewesen war. Der Virus war eben jung und wusste selbst noch nicht so genau, wer er war und wie er mal sein wollte. Unerfahren und abenteuerlustig wie er war, kroch er, nachdem er sich eine Zeit lang in den Atemwegen herumgetrieben hatte, in die Blutbahn und ließ sich treiben. Der junge Virus besah sich das Herz, studierte das Kreislaufsystem, den Blutdruck, schwamm durch die feinsten Kapillaren des Gehirns und war aufgeschlossen für alles, was ihm da entgegenkam. So sehr wir auch danach verlangten, ein eindeutiges Bild ließ sich nicht herauslesen. Also stellten die Menschen weiterhin Milliarden zur Verfügung und setzten auf den Impfstoff. Und vorausblickend wurden gleich noch weitere Milliarden organisiert, um, wenn der Impfstoff seine volle Wirkung entfaltet haben würde, auch die Wirtschaft endlich wieder zu entfachen.

LICHT

Im Grunde war es doch ganz einfach, man musste nur mal nachdenken. Gesunder Menschenverstand. Was wussten wir? Wir wussten, dass Desinfektionsmittel das Virus tötet, und dass es Licht nicht leiden kann. Man musste also versuchen, irgendwie Desinfektionsmittel in den Körper reinzukriegen. Wie auch immer, spritzen, schlucken, egal wie. Er war kein Wissenschaftler oder Arzt, das mussten schon die sagen. Er hatte nur so ein Gefühl. Oder Licht. Das Virus konnte Licht nicht ausstehen, Ultraviolett, Infrarot, egal, irgendwas. Wozu hatten wir denn all die Erkenntnisse? Um sie dann nicht anzuwenden?

Wahrscheinlich hatten sie längst den Impfstoff, sie wussten es nur nicht. Vielleicht war einfach Licht der Impfstoff. Wenn man sich nur traute, konnte man den Virus ausknocken. Bäm! Von einem Tag auf den anderen, der ganze Körper gereinigt. Sie würden Schlange stehen, scharf darauf, sich das Desinfektionsmittel in die Venen zu jagen.

Heute hatte er kaum die Zeit zum Aufstehen gefunden, er hatte zu viele von diesen Scheißnachrichten geguckt. Irgendwas war da von Anfang an nicht richtig gelaufen. Eigentlich müsste man China für den ganzen Schlamassel einfach verklagen. Für den Tod von Hunderttausenden von Amerikanern, Gott habe sie selig. Bei was für einem Gericht konnte man ein solches Attentat auf die Menschheit einreichen? Jedes Gericht würde ihm recht geben. Eine Million Dollar für jeden toten Amerikaner. Er gab sich einen Ruck, schlüpfte in seinen Morgenmantel und die Hausschuhe und schlurfte rüber in den Saal.

WERT

Auf dem Markt treffen sich das Angebot und die Nachfrage, und so reguliert sich der Preis. Nun waren aber die Waren vom letzten Markt noch da, ohne dass es eine Nachfrage gegeben hätte, und trotzdem kamen schon wieder neue dazu. Was soll man machen, wenn die Waren keinen Preis mehr haben? Was keinen Preis hat, kann man auch nicht kaufen. Natürlich gab es immer noch Waren, die gebraucht wurden. Nudeln zum Beispiel. Und deswegen brauchte man auch Eier für Nudeln, nur eben entsprechend weniger. Für die Hersteller, deren Waren nicht mehr genügend nachgefragt wurden, war es dann aber im Prinzip besser, die Eier einzustampfen, zumindest besser, als sie herzuschenken. Wer hätte schon kommen sollen und sich, sagen wir mal, 100.000 Eier schenken? Der Großeierproduzent hätte sie schon verpacken und transportieren müssen und in kleinen Mengen verschenken. Aber dann hätten Nudelhersteller gesagt: Dann schenk uns doch auch die Eier. Darauf, dass es auf der anderen Seite auch die gab, die keine Eier hatten und auch sonst nichts mehr zu essen, konnte der Großeierproduzent in diesem Moment keine Rücksicht nehmen. Das war eben Marktwirtschaft.

Aus diesem Grund wurde die Ernte in diesem Sommer von einigen Erzeugern lieber gleich untergepflügt, als aus dem Boden geholt. Spargelpflanzen wuchsen aus und die Mastschweine wurden in ihren Boxen immer dicker und ihre Borsten bildeten bald ein dünnes Fell. Wenn man ein System hat, dann muss man sich an die Regeln halten. Hält man sich nicht daran, funktioniert das ganze System nicht mehr.

VERSAMMLUNG

Es war keineswegs so, dass ich das irgendwie geplant hatte. Ich wollte eigentlich nur ein kleines Feuer machen, unten bei der Brache, wo der schwere eiserne Tisch steht. Es wäre doch schön, heute mal draußen zu essen, hatte ich gedacht, in unserem Garten, und arrangierte ein paar Kleinigkeiten auf dem Tisch, darunter auch das Hasenragout, das ich den Tag über zubereitet hatte. Ich hatte niemanden eingeladen, das würde ich später auch zu Protokoll geben, aber es stimmt schon, dass dann Leute mit am Feuer standen, die nicht zu unserer Familie gehörten und die ich auch gar nicht alle kannte. Die Leute waren irgendwie zufällig vorbeigekommen und ich hatte sie einfach nicht wieder weggeschickt. Also, den Nachbarn und dem Liebhaber habe ich natürlich schon Bescheid gesagt, die hätten es ja ohnehin mitbekommen. Es wäre ja auch komisch gewesen, wenn ich gar nichts gesagt hätte, aber eingeladen habe ich sie auf keinen Fall. Die Nachbarn hatten Decken dabei, die sie recht weit von allen anderen entfernt hinlegten. Jeder war eigentlich recht weit entfernt von den anderen, sodass überhaupt nichts Verwerfliches dabei war. Und ich konnte ja auch nicht allen Ernstes jemandem, der Hunger hat, verbieten, sich etwas von dem Essen zu nehmen, das ich da für meine Familie hingestellt hatte. Vielleicht war die Stimmung wegen dem Nachbarn, der immer noch im Krankenhaus war, insgesamt ein bisschen komisch, vielleicht war es aber auch das drückende Wetter. Ich hatte mich jedenfalls entschieden, das Thema lieber nicht anzusprechen. Ich dachte, es täte uns gut, mal wieder ein bisschen ausgelassen zu sein. Dem anderen Nachbarn war unsere Versammlung dann doch auf einmal sehr unangenehm, schließlich konnte man leicht denken, hier verstöße jemand gegen die Regeln. Um ihn ein bisschen aufzumuntern, erzählte ich von der Zombieserie, und dass der Heldin dann auf einmal die Haut aufplatzt und eine Zombiefrau mit papierener Haut, also eigentlich ihr wahres Ich, aus ihr heraussteigt. Er sagte mir, dass er es immer traurig fände, wenn so viel Geld und Energie in so eine doofe und sinnlose industrielle Unterhaltung investiert werden würde, die die Welt nicht braucht. Ich war schon recht angetrunken und hielt ihm entgegen, dass die Serie eine Metapher für unsere Welt sei und überhaupt nicht sinnlos. Er sagte dann noch, dass, wenn er Sinn sagte, er in diesem Fall Wert meinte, und nicht Inhalt, Zweck oder Bedeutung. Ich sagte nichts mehr und wollte mir gerade noch ein Getränk nehmen, als das blaue Licht unten am Bach durch die Hecken zuckte und immer näher kam.

BARFUSS II

Sie war einfach immer weiter gegangen. Sie wusste nicht, wohin, aber das war ja der Reiz an der Sache. Mal war sie mit einem leeren Bus gefahren, an der Endhaltestelle ausgestiegen und dann wieder weitergegangen. Sie hatte die Nacht in einer kleinen Pension verbracht. Die kleine Pension stand schon seit Wochen leer und der Mann, der vor der Pension gesessen hatte, hatte sie aus dem Fernsehen erkannt und ihr ein Zimmer angeboten. Jeder kannte sie aus dem Fernsehen. Da sie ohnehin nicht wusste, wo sie die Nacht verbringen sollte, nahm sie das Angebot an. Am nächsten Morgen aß sie zwei Spiegeleier und ging, ohne noch ein Wort zu verlieren, weiter. Ihr Telefon, das letzte Anhängsel aus der alten Welt, hatte sie einfach auf dem Frühstückstisch liegen lassen. Sie musste sich von niemandem verabschieden. So oft hatte sie sich in den letzten Jahren gefragt, wie sie es schaffen könnte, an ihrem Leben etwas zu ändern, hatte Therapeutinnen und Coaches damit beauftragt, und jetzt tat sie es einfach. Noch nie hatte sie so viel Abstand gehabt und war sich dabei gleichzeitig so nah.

LEISTUNGSGRENZE

Dass ich jetzt immerzu nur auf der Baustelle schuftete, wo ich doch eine Zombieserie zu schreiben hatte, konnte ja irgendwie auch nicht sein. Wir stapelten gerade die Schalungsbretter auf den Anhänger, die wir erst vor Kurzem hierhin gestapelt hatten, weil sie woanders im Weg gewesen waren und jetzt waren sie hier im Weg. Irgendwie war ich die ganze Zeit schon so gereizt. Der Liebhaber hatte gesagt, dass ihm das alles zu regelmäßig wäre, das mit den Lieberhabertagen und Nicht-Liebhabertagen, und dass er gar nicht mehr wüsste, wer er denn selber eigentlich war. Ich hab dann gesagt, dass mir das ganz egal sei, wenn er die Liebhabertage ausfallen lassen möchte, und dass von mir aus die Liebhabertage auch für immer ausfallen könnten. Er hat dann nicht mehr geantwortet und ich habe gesagt, dass er ein Esel ist und mir gestohlen bleiben kann.

Der Mann sagte, dass ich die Bretter bitte nicht so fallen lassen, sondern vorsichtig auf dem Hänger ablegen soll. Warum dachten jetzt auf einmal eigentlich alle das Gleiche? Und jeder, der etwas dagegen hervorbrachte, war ein Verschwörungstheoretiker. Der Mann erklärte mir, dass es so wie im Verdunklungszustand im Krieg sei, wenn alle das Licht ausmachten, damit die Bomber die Dörfer und Städte nicht sähen, und dann einer doch das Licht anmachte. Er liebt solche Vergleiche, und dann muss man immer erst überlegen, ob es überhaupt stimmt, und dann war es schon zu spät. Mit jedem Brett, das wir auf den Hänger hievten, wurde ich wütender.

»Du meinst also, dass wir uns im Krieg befinden?«, wollte ich ihn irgendwo aufs Glatteis locken.

»Zumindest im Katastrophenzustand.«

»Aha. Und wer sagt das?«

»Die ganze Welt sagt das. Und jeder, der das leugnet, ignoriert die soziale Wirklichkeit.«

Am schlimmsten ist, dass der Mann, wenn er so was sagt, ganz ruhig bleibt, nahezu unbeteiligt. Allein schon dafür hatte er es verdient, dass ich ihn überführte.

»Die Erde will sich einfach rächen«, sagte ich nur.

»Warum sollte die Erde sich rächen wollen? Die Erde will gar nichts.«

»Du willst doch jetzt nicht ernsthaft bestreiten, dass die Erde brutal überbevölkert ist und schamlos ausgebeutet wird?«

»Genau genommen gibt es keine Überbevölkerung«, sagte er, »es gibt nur Bevölkerung.«

Ich ließ das Brett, das ich gerade in der Hand hielt, mit einem kleinen Schwung fallen, sodass es ihm ein bisschen die Hände prellte. Es war nicht zu übersehen, dass auch er hinter seiner unnahbaren Fassade endlich ein bisschen wütend wurde.

»Aber sicher ist alles überbevölkert!«, wollte ich dem ein Ende setzen.

»Die theoretische Leistungsgrenze des Lebensraums ist jedenfalls noch lange nicht erreicht. Das ist weder eindeutig positiv noch eindeutig negativ. Es gibt einfach viele Menschen, können wir uns darauf einigen?«

Ich warf meine Handschuhe hin und lief in den Wald. Leistungsgrenze des Lebensraums. Ich fragte mich, wo der Mann solche Ausdrücke bloß herhatte.

KERNKEULE

Kernkeulen ist ein Oberbegriff für eine Gruppe parasitär lebender Schlauchpilze, die sich an einen Wirt heften und ihm den sicheren Tod bringen. Besonders gern befallen sie Trüffel, Ameisen und Spinnen. Die

Sporen treiben so lange in der Luft, bis sie den richtigen Wirt gefunden haben, dann nisten sie sich ein und keimen. Der Wirt nimmt den in sich aufkeimenden Pilz lediglich als seltsames Gefühl wahr, kann es aber nicht einordnen. Mit letzter Kraft, die ihm oder ihr verbleibt, schleppt sich der Wirtsorganismus weg, fort von seiner Familie oder seinem Schwarm, und stirbt. Ein paar Tage später wächst ein wunderbarer Pilz aus ihm oder ihr heraus, die sogenannte Kernkeule.

Der Nutzen der Kernkeule im Ökosystem ist einfach: Er schützt ein System vor der Überpopulation einer gewissen Art. Der Liebhaber unterschätzt den Wert der Kernkeule. Er denkt, es wäre ein seltener und sonderbarer Pilz, den ich irgendwo ausgegraben hätte und den ich zu irgendetwas in Verbindung setzen wollte, der aber mit uns rein überhaupt gar nichts zu tun hat. Wie kann man nur so blöd sein? Ich sagte, dass in jedem Keller an der Decke Insekten mit Kernkeulen hängen, er müsse nur mal hinschauen.

»Aha, und dort im Keller regulieren sie dann die Überbevölkerung«, versuchte er einen Witz zu machen. Ich finde seine Witze überhaupt nicht mehr witzig, wahrscheinlich waren sie das noch nie. Ich sollte meine Gedanken einfach mit keinem der Männer mehr teilen. Interessanterweise haben sie doch erstaunlich gleiche Ansichten, zum Beispiel zum Thema Überbevölkerung.

Die Kernkeule mag ein sehr außergewöhnliches Beispiel eines Akteurs im Ökosystem sein, sie stellt aber in diesem Kontext ein gutes Anschauungsobjekt dar, das es vermag, die Absichten der Erzählerin zu verdeutlichen. Die Natur findet an der Kernkeule übrigens gar nichts außergewöhnliches.

GELD

Geld war da. Wenigstens musste man sich darum keine Sorgen machen. Vorher war nie Geld da gewesen, aber jetzt musste es eben da sein und dann war es auch da. Zum Erstaunen mancher gab es dann auch gleich sehr viel davon. Man wusste nicht, woher das Geld gekommen war, aber das war ja im Moment auch nicht so wichtig. Wichtig war, dass für alles gesorgt war, wofür jetzt gesorgt sein musste. Jedem würde geholfen werden. Oder vielmehr: Jedem würde geholfen worden sein.

Zuerst bekamen die Soloselbstständigen und Künstler und Einzelunternehmer jeder 5.000 Euro. So viel hatten einige von ihnen noch nie auf einmal auf dem Konto gehabt, und die Aussicht auf ein paar Wochen ohne Verpflichtungen und auf all das schöne Geld machte sie sehr glücklich und sie lobten, wie die Regierung das alles machte, so unkompliziert. Das waren die ersten 300 Millionen, dazu kamen noch 250 Millionen für Schutzmasken und ein paar hundert Millionen für Beatmungsgeräte und Krankenhauserweiterungsbauten. Dann ging es weiter mit den Milliarden. Für Arbeitnehmer in Kurzarbeit, für angeschlagene Firmen, also Autobauer und Fluggesellschaften und für Unternehmen, deren Börsennotierung abgerutscht war. Dann kamen die Staaten und die Banken, die zunächst erst mal von einer halben Billion sprachen, und dann kam Europa. Wir hatten also die wunderbare Situation: Die Nachfrage war im Keller, die Produktion gestoppt und die Welt voller Geld. Die Menschen waren ein bisschen ratlos, wie man mit so einer Situation umgehen sollte, und die meisten machten erst mal gar nichts.

HONKA, BAR DES VERGESSENS XI

Tagsüber strich sie durch die Wälder und nachts lag sie unter freiem Himmel und blickte in die Sterne, manchmal mit vollem Bauch, manchmal mit leerem. Sie hatte sich einen Bogen gebaut und Pfeile geschnitzt und mittlerweile gelang es ihr immer besser, das ein oder andere Tier zu erbeuten. Aus den zerfallenen Zombies, die mit dem Bokashisaft in Berührung gekommen waren, war die fruchtbarste Erde hervorgegangen, aus der mittlerweile großblättrige Pflanzen ragten, die Geraldine niemals zuvor gesehen hatte, und manch eine trug bereits zuckrige, süße Früchte. Auf Tod und Verderben folgt neues Leben und Wachstum, so war es doch. Geraldine hatte sich aus den Blättern ein Dach gebaut, unter das sie sich bei Regen flüchten konnte. Ein bisschen hatte sie schon immer von so einem Leben geträumt. Natürlich nicht unter diesen Umständen, aber am Ende eben doch.
…

Es klingelte an der Tür. Wie gut, wenn jetzt meine Mutter da wäre, dann könnte sie zur Tür gehen und ich müsste mich gar nicht kümmern. Ich blickte aus dem Fenster und da waren ein Mann und eine Frau mit Westen, auf denen *Ordnungsamt* geschrieben stand. Natürlich gaben wir uns nicht die Hand, sondern nickten uns zur Begrüßung nur etwas steif zu. Sie sagten, man hätte sie angerufen, dass ich Versammlungen abhalten würde und Eis und Cocktails verkaufen. Ich war etwas perplex und wusste erst mal gar nichts mit dieser Information anzufangen. Dann fragte ich, wer sie denn angerufen hätte. Das täte nichts zur Sache, sagten sie nur und dass aus gutem Grund der Betrieb von Schankwirtschaften im ganzen Land verboten sei. Eisverkauf natürlich auch. Ich war wirklich außer mir. Ich sagte, dass ich gerade an einer Zombieserie schreibe und gar keine Zeit habe, Versammlungen abzuhalten, und dass ich gerade dabei war, den Schluss zu schreiben, und dass es eine Frechheit sei, dass ich jedes Mal wieder von so einer Nichtigkeit herausgerissen würde. Das Mädchen und der Junge vom Ordnungsamt wussten dann auch nicht, was sie da noch sagen sollten, sie waren vermutlich erst in der Ausbildung und hatten keine Ahnung, wie man mit einer solchen Situation umzugehen hatte. Bevor sie sich verabschiedeten und in ihr kleines weißes Auto stiegen, auf dem ebenfalls *Ordnungsamt* stand, sagten sie noch, ich sollte mir das eine Lehre sein lassen.

Zurück am Tisch konnte ich mich natürlich überhaupt nicht mehr konzentrieren. Ich ärgerte mich und überlegte, wer da wohl angerufen haben könnte. Aber ich durfte mich jetzt nicht rausbringen lassen. Die Vögel am Kirchturm hatte ich schon ein paar Tage nicht mehr gesehen. Ob die wohl ihre Nester verlassen haben, als die Jungen aufgezogen waren und jetzt einfach irgendwo herumfliegen, wo sie gerade Lust haben? Ich entdeckte eine Mücke auf meinem Arm und schlug sie tot. Ein Blutfleck war um die erschlagene Mücke herum zu sehen. Sie musste schon eine Weile da gesessen und mein Blut getrunken haben. Mein älterer Sohn hatte mir gestern erst erklärt, dass nur weibliche, schwangere Mücken stechen würden. Das wollte ich noch einmal recherchieren, aber nicht jetzt.

Ein Glück nur, dass Geraldine diesen Max losgeworden war. Jetzt vielleicht eine Zeitlupeneinstellung von Regentropfen? Geraldine unter dem Sternenhimmel in der Hängematte. Im Hintergrund wachsen fantastische Sträucher und Blumen in den Himmel. Die Einstellung ist erst von recht weit, dann fährt die Kamera an Geraldine heran, fast unmerklich. Näher, immer näher. Irgendwann ist nur noch Geraldines unbedeckte Haut an der Seite ihres Gesichts zu sehen. Man erkennt sogar die feinen Härchen im Mondlicht. Eine Mücke landet, jetzt riesengroß, im Bild. Sie sticht Geraldine, die davon gar nichts merkt. Ein Tropfen Blut erscheint.

-ENDE-

TERMINE

Alles war aus meinem Kalender gelöscht. Zunächst hatte ich bloß die ersten zwei Wochen gelöscht, dann die nächsten zwei, und dann gab es eigentlich schon kaum mehr was zu löschen. Nur Umsatzsteuervoranmeldung stand da noch irgendwo, aber das übersehe ich sowieso immer. Als ich meinen Kalender einen Monat später mal wieder öffnete, obwohl ich natürlich wusste, dass da ja gar nichts stehen konnte, war es schwer vorstellbar, jemals wieder etwas hineinzuschreiben. Ich war aus der Zeit gefallen und wusste gar nicht, wie ich da jemals wieder hineinkommen sollte. Es gab keine Geburtstage mehr, keine Empfänge, keine Meetings, Dreharbeiten waren auch alle gestrichen. Es gab nur noch das Haus und den Garten und ganz ab und zu den Discounter, und den Liebhaber natürlich. Etliche Male hatte ich eine E-Mail an die Frauen von Amazon angefangen, aber jedes Mal wieder verworfen. Natürlich wollte ich ihnen die Geschichte schicken, es drängte ja sogar, aber irgendwie ging es nicht.

Oft war ich unten am Bach und versuchte, die Pumpe zur Bewässerung des Gartens in Gang zu setzen. Die Kinder hatten schon einen beachtlichen Staudamm aufgeschichtet, aber das Wasser im Bach wurde trotzdem immer seichter. Die kleinen Babyfrösche hatten sich auf den Weg in den Wald gemacht. Sie kamen aus dem Laichgewässer, wo bei ihnen erst vor Kurzem die Lungenatmung eingesetzt hatte. Wirklich überall hüpften die klitzekleinen Frösche herum. Ich fragte mich schon, was die alle im Wald wollten. Ich hob einen der kleinen Frösche auf und drehte mich so lange mit ihm im Kreis, bis mir ganz schwindelig war, aber der kleine Frosch ließ sich gar nicht beirren. Als ich ihn wieder absetzte, wusste er sofort, wohin er wollte, in den Wald.

Wenn es jetzt nicht bald regnete oder ich die Pumpe in Gang bekäme, würden alle Pflanzen meiner Mutter vertrocknen. Die Wettervorhersage für die nächste Woche war genau wie die in den letzten Wochen und ließ keinen Tropfen Regen erhoffen.

Der Liebhaber sagte, Erdöl bekäme man jetzt zum Minuspreis, also für ein Fass Erdöl würde man 37 Euro kriegen, wenn man denn bereit war, eines zu nehmen. Er fing an herumzurechnen, ob es sich lohnen würde, sich jetzt 100.000 Euro mit Negativzinsen zu leihen und in einer Scheune bei der alten Schweinemastanlage irgendetwas zu lagern, das dann ein paar Monate später mehr wert wäre, aber ich hörte schon länger nicht mehr richtig zu, sondern betrachtete lieber die Schwalben, wie sie mir ihre Kapriolen zeigten.

Ich ließ den Liebhaber bei der Pumpe stehen und fuhr zu der Wohnung, in die ich meine Mutter eingeschlossen hatte. Eingeschlossen hatte ich sie natürlich nicht, aber ein bisschen fühlte es sich doch so an, vor allem seit sie nicht mehr mit mir redete. Ich fuhr alle zwei Tage hin und stellte eine Tüte mit Lebensmitteln vor die Tür. Ich sah sie, wie sie am Fenster stand, aber immer, wenn ich zu ihr hineinwinkte, ging sie vom Fenster weg und nur der Vorhang wackelte noch ein wenig.

ÖL

Die Tanker, die bis oben hin mit Öl gefüllt waren, drehten zusammen mit den Seuchenschiffen ihre Runden auf den Weltmeeren. Sie kamen aus Saudi-Arabien und sollten nach Indien, oder kamen aus Amerika und sollten nach Japan, aber überall wurden sie wieder weggeschickt, man brauchte ihr Öl nicht mehr. Etliche Kriege waren wegen dieses schwarzen dickflüssigen Stoffgemischs aus dem Erdboden geführt worden, überall hatte man danach gebohrt und rausgepumpt, was ging. Und dann, von einem Tag auf den anderen, waren alle Ölstaaten miteinander verstritten. Alle Vereinbarungen und Preisabsprachen, die sie getroffen hatten, waren ihrer Grundlage beraubt. Wer sollte zuerst auf seinem Öl sitzenbleiben und wer zuletzt?

MOTIVATION

In der Regelschule erledigen die Kinder ihre Aufgaben und Arbeiten, um jetzt, in der Gegenwart, einer Strafe oder einem Druck zu entgehen. Im Gegensatz dazu ist das Konzept der freien Schule auf die Zukunft aufgebaut. Das Kind soll dazu gebracht werden, von sich aus lernen zu wollen. Es wird darauf gesetzt, dass das Kind selbst den Drang verspürt, dieses oder jenes ergründen zu wollen. Dazu müsse man im Grunde das Kind nur lassen. Deswegen heißen die Lehrer in der freien Schule auch nicht Lehrer, sondern Begleiter. Die Begleiter begleiten das Kind beim Lernenwollen, und falls das Kind es will, können die Begleiter ihm dabei behilflich sein. Den Wunsch, etwas lernen zu wollen, nennt man *intrinsische Motivation*, im Gegensatz zur *extrinsischen Motivation*, bei der jemand anderes das will. Neben dem Gespür, für einen ganzheitlichen Aspekt verantwortlich zu sein, brauchen die Kinder auch das Gefühl der Bedeutsamkeit und einen Glauben an den Sinn der Arbeit. Meine Kinder wären noch dabei, diese Gefühle aufzubauen, sagen die Begleiter. Sie warten anscheinend noch immer auf eine extrinsische Motivation, die ihnen keine Fluchtperspektive ließe, aber da können sie lange warten.

REGEN

Es war die vierte oder fünfte Woche ohne einen Tropfen Regen. Die Nachrichtensprecher, die jeden Tag immer nur über den Virus berichteten, sagten das, ohne eine Miene zu verziehen. Der Bach war mittlerweile nur noch ein Rinnsal. Ich schleppte Gießkannen voller Leitungswasser über das Gelände, eine nach der anderen, trotzdem waren die meisten Pflanzen schon so gut wie vertrocknet. Die Waldbesitzer machten ganze Kahlschläge, überall war der Borkenkäfer drin. Wenn es sehr trocken ist, hat der Borkenkäfer besonders gute Chancen und die Baumstämme sind dann nur noch Schadholz und müssen schnellstmöglich aus dem Wald geschafft werden.

Mitten in die Nacht hinein fragte mich der Liebhaber, ob ich das auch höre, dieses Geräusch. Aber ich schlief und hörte kein Geräusch. Der Liebhaber dachte, dass es eines seiner Zeitschaltuhrgeräte wäre, das etwas machte, was es nicht sollte und stand auf. Als er sich wieder hinlegte, sagte er, dass es Tropfen sind, vom Regen, und schlief sofort wieder ein. Aber es regnet doch gar nicht, dachte ich, und lauschte in die Nacht. Jetzt hörte ich es auch. Tak, tak, tak, tak. Unaufhörlich. Wie sollte ich da jemals wieder einschlafen?

Ich musste aufstehen und mich sofort anziehen.

»Was ist los?«, fragte der Liebhaber verschlafen.

»Ich muss meine Mutter zurückholen.«

»Was? Jetzt in der Nacht?«

»Jetzt sofort!«

SINN II

Wenn ein Superreicher oder eine Superreiche so reich geworden ist, dass kaum einer mehr reicher ist als er oder sie, dann befindet er oder sie sich in einer Sackgasse. Welche Ziele kann man dann noch haben? Nicht ganz zufällig fangen die Superreichen an diesem Punkt dann gern an, davon zu träumen, durch den leeren Raum zu reisen, und von fremden Planeten, die man besiedeln könnte. Dabei haben sie das Gefühl, einem höheren Sinn auf der Spur zu sein oder zumindest den Kreislauf wieder zu schließen. Natürlich lässt sich nicht wirklich ein Kreislauf schließen, wenn man sein Geld ins All schießt. Für die Superreichen ist das trotzdem eine Erlösung, denn für sie ist es ab einem gewissen Moment schwieriger, Geld wieder loszuwerden als neues zu verdienen.

ARTENVIELFALT

Zwischen 3 und 100 Millionen verschiedene Arten besiedeln die Erde, wobei bis zu 90 % der Arten noch unbekannt sein sollen. Es sind also ungefähr 1,7 Millionen bekannt und 1,3 bis 90 Millionen unbekannt. Am meisten unterschiedliche Arten bieten die Insekten, dann die Pilze, Algen und schließlich die Fadenwürmer und Spinnentiere. Die Säugetiere haben eigentlich sehr wenig verschiedene Arten, ihr Segment im Kreis ist winzig, genauso klein wie das der Bärlappflanzen oder der Schuppenkriechtiere.

Darwin hatte bereits das grobe Gefühl, dass die Biomasse einer Wiese, also die Masse aller Lebewesen, unter der Erde ungefähr genauso groß sein müsste wie die über der Erde. So schätzte er das Gesamtgewicht der Regenwürmer und des anderen unterirdischen Getiers als genauso groß wie das Gesamtgewicht der Grasfresser, in seinem Fall Rinder, die auf der Wiese grasten. Irgendwie lag er damit schon sehr richtig, obwohl natürlich später rauskam, dass es noch viel, viel kleinere Tiere gab, als er sich das hatte vorstellen können.

Dabei ist doch die Frage, wo Biomasse anfängt, und wo sie aufhört. Biomasse verwandelt sich ja die ganze

Zeit, sie wächst, wird gefressen, wieder ausgeschieden oder in Energie verwandelt. In einem Jahr baut sich der Körper einmal vollständig neu auf. Zähne und Haare könnten dabei einen Sonderfall darstellen, nehme ich an. Also, selbst, wenn man meint, seinen Körper oder seinen Partner relativ gut zu kennen, ist er innerhalb eines Jahres ein ganz anderer. Genau dieses Gefühl hatte ich schon die ganze Zeit.

KALKULATION

Als sich die Lage in den Krankenhäusern beruhigt hatte beziehungsweise als man merkte, dass die Lage gar nicht so schlimm geworden war, mussten viele Kliniken feststellen, dass sie in finanzielle Schieflage geraten waren, und forderten staatliche Hilfsgelder. Die Operationen, die für die nächste Zeit anberaumt gewesen waren, waren alle abgesagt worden, um die Kapazitäten für die Coronapatienten freizuhalten. Aber die Coronafälle kamen nicht, zumindest nicht so viele. Hinzu kam, dass eine coronabedingte Lebenserhaltungsmaßnahme in einem Intensivbett vergleichsweise wenig Umsatz brachte, im Gegensatz zu, sagen wir mal, einer Knie-OP. Bei der Knie-OP sind zahlreiche Ärzte und Anästhesisten beteiligt und OP-Schwestern, man braucht einen Operationssaal und einen Aufwachraum und alles wird geputzt und abgerechnet. Insgesamt konnte das alles viel höher bepreist werden als Pflegerinnen und Beatmungsgeräte. Und so wurden die Chefärzte, Chirurgen und Anästhesisten in Kurzarbeit geschickt und saßen dann wie alle anderen zu Hause und schlugen die Zeit tot.

Aber auch die Menschen, die an akuten Krankheiten oder Gefährdungen litten, blieben lieber zu Hause und starben an Herzinfarkten oder Schlaganfällen. Nieren, Herzen, Lebern oder andere Organe waren zwar jetzt reichlich vorhanden, alle Transplantationen aber auf einen unbestimmten Zeitpunkt verschoben, und nach ein paar Stunden außerhalb des Spenderorganismus wurden die gespendeten Organe unbrauchbar und mussten entsorgt werden.

VERWEILDAUER

Die durchschnittliche Verweildauer einer Art auf der Erde ist 5 Millionen Jahre. Damit hätte der Mensch noch 4,7 Millionen Jahre vor sich. Vermutlich wird er das nicht schaffen und er wird am Ende eine Art mit eher kurzer Verweildauer gewesen sein und den Durchschnitt drücken.

Eine herausragende Verweildauer wird von der Kakerlake erwartet. Sie hat bereits jetzt eine herausragende Verweildauer und wird am Ende eine noch viel herausragendere Verweildauer gehabt haben. Kakerlaken gab es schon Millionen von Jahren vor den Dinosauriern, womöglich gab es sogar ein ganzes Zeitalter, das von Kakerlaken dominiert war, als sie noch riesengroß waren, so groß, dass sie Katzen und Hühner und Hausschweine hätten fressen können, wenn es die da schon gegeben hätte. Aber vielleicht ist Verweildauer ja auch nicht das Wichtigste, worauf es ankommt. Also, für die Spezies als solche natürlich schon. Aber ob Spezies hier das richtige Wort ist? Eine Spezies stellt ja nur eine Gruppierung dar, die sich durch artbildende Unterschiede von einer anderen Art unterscheidet. Nichtsdestotrotz, wenn erfolgreich zu sein bedeutet, am längsten zu verweilen, sollte man am besten gar nichts mehr wollen, nur eben nachhaltig fressen, schlafen, Sex haben und verweilen. Aber das geht ja auch nicht. Also, es ginge schon, aber nur, wenn man nicht wüsste, dass es auch noch ganz anders gehen kann.

CHLOROQUIN

Dieser brasilianische Präsident war schon eine Marke. Allerbester Laune saß er vor seiner Webcam und zeigte die Pille in die Kamera. Wenn das nicht sogar eine von denen war, die er ihm geschickt hatte. Kleine Geschenke erhalten die Freundschaft. Dann nahm der brasilianische Präsident die Pille in den Mund und spülte sie mit einem ganzen Glas Wasser hinunter und grinste erneut in die Kamera. Jeder konnte sehen, wie prächtig es ihm ging. Er hatte das Virus und es ging ihm einfach bestens. Er hatte immer schon was übrig gehabt für die Leute, die sich nicht unterkriegen lassen und einfach ihr Ding durchziehen. Er war eben auch ein Heel. Und ein Heel wird nicht gemocht, sonst hat er was falsch gemacht.

Da unten, im quadratischen Kreis der Wrestling-Arena, zeigt sich doch das ganze Ausmaß. So läuft es ab, überall. Einer scheint zu gewinnen, der andere liegt schon am Boden und dann dreht sich alles noch mal um. Idioten, die behaupten, das ist alles fake, alles abgesprochen. Du siehst es doch. Du musst nur deine Augen aufmachen und hinschauen, dann kannst du alles sehen.

Klar kann man versuchen jemanden einzusperren, ihm sagen, was er alles nicht machen darf, und die beste Wirtschaft der Welt zugrunde richten, aber lange macht da keiner mit, zumindest keiner von seinen Leuten. Sie stehen auf, holen ihre Gewehre raus und gehen auf die Strassen. Wie liebte er dieses Land. Alles war möglich. Man kann keinen einsperren, der arbeiten will, der sein Land wieder stark machen will. Die sollen diesen Trotteln von Gouverneuren mal einheizen. Ok, 140 Zeichen. »BEFREIT AMERIKA. JETZT!« Und: Send. So. Schluss jetzt.

ORDNUNG III

Ich wollte mal einen neuen Weg ausprobieren und war dann einfach über eine der Fahrspuren der großen Traktoren in das freie Feld gelaufen. Mitten auf dem Feld hatte ich einen offenen Gully entdeckt, also ohne Deckel. Ich legte mich auf den Bauch und schaute rein, wie weit das Loch reichte, aber es war einfach nur schwarz. Ich rief »Hallo« hinein, aber es hallte nur ein bisschen. Dann ging ich auf der Fahrspur wieder zurück und machte mich auf den Heimweg. Ich ging gerade auf unser Haus zu, als ich den kleinen Polizeibus entdeckte. Ich wollte den Polizisten nicht begegnen, senkte meinen Kopf und verlangsamte den Schritt. Aber da wurde auch der kleine Bus immer langsamer, fuhr ein Stück zurück und blieb schließlich neben mir stehen. Mit dem elektrischen Fensterheber ließen sie ein Fenster herunter. Der Mund des einen zuckte ein bisschen, so als müsste er gleich lachen, und dann sagte er: »Mein Kollege wollte ihre Nummer haben«, und dann prusteten beide los. Ich konnte ihnen nicht verübeln, dass ihnen langweilig war, immer bei uns im Dorf herumzugurken, trotzdem war mir nicht zum Lachen zumute.

Ich sagte, dass ich gerade in das Feld hineingelaufen wäre und dort einen offenen Gully entdeckt hätte. Die Polizisten hatten sich wieder gefasst, sahen mich an und wussten nicht, wie sie das zu verstehen hatten.

»Da ging es ewig weit hinab, es war ganz schwarz, man konnte nicht mal das Ende sehen.«

»Sie dürfen gar nicht über das offene Feld laufen«, sagte der eine.

»Können sie sich vorstellen, was passiert, wenn da ein Kind reinfällt?«

»Das ist landwirtschaftlicher Bereich, Spaziergängern sind Wald- und Wanderwege vorbehalten«, sagte der andere.

»Man kann da einfach hingehen und hineinfallen, und sie fahren hier herum und machen dumme Witze.«

»Wir wurden gerufen.«

Die Schwellenhüter wollen die Heldin davon abbringen, einen neuen Weg zu gehen. Sie wollen testen, ob die Heldin wirklich bereit ist, oder ob sie noch wankt. Für einen Moment nahm ich alles von den beiden Polizisten wahr, sogar die eingeschränkte Nasenatmung des einen und den Geruch des Weichspülers, den seine Kleidung verströmte. »Alles in Ordnung mit Ihnen?«

»Ich war dem Tode nahe. Jetzt kann ich den Rückweg antreten«, sagte ich.

Die Stimmung war gekippt, sie wirkten jetzt etwas betreten und erklärten, sie seien eigentlich wegen der Jugendlichen im Bushäuschen hier. Und dann sahen wir alle drei zum Bushäuschen, aber da waren keine Jugendlichen.

»Na dann, wir müssen«, sagte der eine Polizist und lächelte etwas unbeholfen. »Gehen Sie nach Hause. Und bleiben Sie auf den befestigten Wegen!«, sagte der andere. Ich trat einen Schritt von ihrem Fahrzeug zurück und sie fuhren los.

INKONSEQUENZ

Die Phase, die jetzt beginnen sollte, würde viel schwieriger auszuhalten sein als die Phase davor, als noch für alle dieselben Regeln galten. Nun sollte abgewogen werden und der große Interessenstreit begann. Wie konnte es sein, dass Outlets öffnen durften, Gottesdienste aber nach wie vor nicht abgehalten werden konnten? Warum schien es wichtiger, mit dem Profifußball zu beginnen, als Kindergärten zu öffnen?

Die ganze schöne Solidar- und Wertegemeinschaft war binnen weniger Tage auseinandergedriftet. Die Kanzlerin versuchte noch, die Bürger zu warnen, nicht zu früh zu sorglos zu sein, aber als die Kerkertür einen Spalt weit aufgesperrt war, gab es kein Halten mehr. Die, die noch vernünftig sein und sich zurückhalten wollten, fingen an, das Pro und Kontra abzuwägen, aber alles drehte sich nur noch im Kreis. Die R-Zahl, die Infizierten, die Tests, der Wert des Lebens, die Deprimierten, überforderte Eltern, Manager, Autobauer, und warum nicht auch die Möbelhäuser? Der Schrei nach den Fördermilliarden wurde übertönt von den Schreien nach Freiheit. Und in all dem Geschrei waren keine Worte mehr zu verstehen. Es gab einen Grund für alles und für nichts.

ZOMBIES

Ich hätte über meine E-Mail an die Frauen von Amazon vielleicht doch noch mal drübergehen sollen, dachte ich, als ich sie durchlas, nachdem ich sie abgeschickt hatte. Die ganzen Flüchtigkeitsfehler waren mir vorher gar nicht aufgefallen, vielleicht war sie auch etwas zu lang geworden. Dafür war sie wenigstens persönlich. Ich hatte geschrieben, dass ich jetzt besser denn je verstehen würde, dass kein Zuschauer mehr etwas aus der Wirklichkeit sehen wolle. Also aus der alten Wirklichkeit, als in den Filmen noch Menschen durch die Welt reisten und Partys oder Veranstaltungen besuchten oder sonstwie gegen die Maßnahmen verstießen. Jetzt wäre es ganz klar an der Zeit, etwas zu machen, das man sich bislang noch nicht habe vorstellen können. Und das war dann die Überleitung auf die Zombieserie. Ich schrieb, dass jetzt ja wahrscheinlich einige an so einer Zombieserie dran wären und wir deshalb keine Zeit verlieren dürften. Und dann schrieb ich noch vom Matriarchat als zukünftiger Gesellschaftsform. Das wäre vielleicht ein guter Punkt gewesen, um aufzuhören, aber ich hatte dann unbedingt doch noch ausführen müssen, wie unfähig die alten weißen Männer in Krisensituationen reagieren. Dieser Abschnitt war vielleicht etwas lang geworden, aber ich hatte ihn, zu dem Zeitpunkt als ich es schrieb, auch nicht mehr löschen wollen, weil da auch schon viel Wahres dran war, also hing ich noch schnell das PDF mit dem Skript an und eine Kalkulation für einen Vorschuss und klickte auf Senden.

MÖGLICHKEITEN

Es ist unmöglich, eine bestehende Möglichkeit nicht auszuschöpfen. Und so war die App im Grunde schon in dem Moment verwirklicht, als die Idee zum ersten Mal ausgesprochen war. Nur, dass es dann doch sehr viel schwieriger werden würde, mit der Verwirklichung, und sie am Ende keiner so richtig benutzen wollte. Das war natürlich nicht so gedacht, aber der Möglichkeit war das egal, sie war verwirklicht.

Zunächst war klar, wenn nun alles wieder öffnen sollte, dann nur mit App. Die App würde aufzeichnen, wie lang und wie eng man jemandem begegnet war, und falls unter den Begegnungen ein Infizierter auftauchte, würden alle getestet werden, die ihm oder ihr in risikobehafteter Art und Weise begegnet waren. Natürlich würde die Gemeinschaft sich sehr glücklich schätzen können über so ein Instrument, dennoch gab es viele Aspekte, die bedacht und diskutiert werden mussten. Und so zogen die Regierungsstellen die Entwicklung dieser wichtigen App an sich und beauftragten Expertenfirmen. Viele Dutzende von Millionen wurden eingesetzt für die Entwicklung, denn auch, wenn die App am Ende recht einfach daherkommen sollte, war sie höchst komplex und es gab viel zu beachten. Selbstverständlich stellten die Regierungsstellen die geforderten Beträge unkompliziert bereit, es musste ja schnell gehen.

SCHICKSAL

Es gibt diese Filme, da weiß der Held ganz genau, dass er sterben wird. Also, dass er am Ende seines Lebens sterben muss, weiß jeder Held, aber in den Filmen, die ich meine, weiß er auch Ort und Zeit oder den genauen Umstand seines Todes, und aus diesem Grund tut er alles, damit genau dieser Umstand nicht eintritt. Aber gerade durch seine Bemühungen, den Umstand nicht eintreten zu lassen, tritt er am Ende dann doch ein, und der Held stirbt. Filme dieser Art beschäftigen sich mit der Frage, was wir an unserem Leben ändern würden, wüssten wir, was als Nächstes passiert, und ob das dann besser oder schlechter wäre. Die Moral der Filme ist meistens, dass man zufrieden sein soll und sein Schicksal so hinnehmen, wie es eben kommt. Natürlich macht das aber kaum einer.

VERSCHWÖRUNG

Eine Theorie ist eine Kausalitätsvermutung, die durch die gedankliche Verknüpfung verschiedener mehr oder weniger belastbarer Informationen entsteht und mit der versucht wird, einen Ausschnitt der Realität zu beschreiben. Verschwörung wiederum meint die nichtöffentliche Zusammenarbeit verschiedener Interessenvertreter, die sich daraus einen Vorteil versprechen oder einer oder mehreren anderen Parteien Schaden zufügen möchten. Der Begriff Verschwörungstheorie ist negativ konnotiert. Obwohl es immer neben den offiziellen Wahrheiten auch noch andere durchaus interessante Wahrheiten gibt, will die Gesellschaft sich vor ihnen schützen und nennt sie Verschwörungstheorien.

BARFUSS III

Sie bereute nichts, alles hatte genau so kommen müssen, wie es gekommen war.

Sie war immer noch allein und, wo das Terrain es zuließ, barfuß unterwegs. Sie konnte sich nicht vorstellen, dass es jemals wieder anders werden sollte. Von einer Freundin hatte sie sich etwas Geld schicken lassen und sich damit eine kleine Ausrüstung zugelegt, nur das Nötigste. Ein Ultraleichtzelt, einen kleinen Kocher, eine Zahnbürste.

Sie zog die schroffen, entlegeneren Gegenden den besiedelten vor. Wenn sie ein schönes Plätzchen gefunden hatte, blieb sie ein paar Tage, baute sich ein Lager, spannte eine Schnur als Wäscheleine und suchte einen kühlen Lagerplatz für ihre wenigen Lebensmittel. Sie spazierte durch den Wald, sammelte Beeren und Giersch und hatte sogar schon etwas Geschick darin entwickelt, Fische zu fangen. Die letzten Tage war sie allerdings leer ausgegangen, und so hatte sie nicht lange überlegen müssen, als sie auf einen Bau von Waschbärwelpen gestoßen war. Als sie in dieser Nacht, gesättigt von dem zarten Fleisch, noch ein wenig in die Glut des Feuers blickte, kam ihr der Gedanke.

Sie wollte ihn erst verscheuchen, weil sie es sich insgeheim verboten hatte, Ideen für die Zukunft zu spinnen. Aber der einmal gedachte Gedanke ließ sie keinen Schlaf finden. Und so stand sie mit den ersten Sonnenstrahlen auf, verließ ihr Lager, ging bis zur nächsten Landstraße und stieg dort in das erste Lastauto, das anhielt.

EIS

Den ganzen Morgen hatten sich die Kinder schon gestritten und mit Zahnpasta beschmiert und als sie dann das eine Eis im Gefrierfach gefunden haben, ist der Streit vollends eskaliert und alles lief aus dem

Ruder. Ich hatte den Großen an den Armen aus dem Haus gezerrt und ihm die Schuhe hinterhergeworfen und dem Kleinen hatte ich gesagt, er dürfe erst wieder aus seinem Zimmer heraus, wenn er sich entschuldige, woraufhin er ganz ernst sagte, er wolle die Familie verlassen. Das war zu viel, ich befand mich in einer Situation, in der ich nie hatte sein wollen. Ich bot an, dem Großen Geld zu geben, damit er sich noch ein Eis im Dorfsupermarkt dazukauft, aber das fand der Jüngere ungerecht und wollte sich auch ein neues Eis im Supermarkt kaufen dürfen. Dem konnte ich nicht nachgeben, denn das Eis aus der Gefriertruhe war schon aufgerissen und überhaupt würde es ab jetzt nie wieder Eis geben, weil ich die ständigen Streits über Eis und anderes Zuckerzeug ein für allemal leid war. Ab jetzt würde es einfach überhaupt keine Naschsachen mehr geben in unserem Haus, nie mehr. Natürlich wäre es das Gerechteste gewesen, wenn ich sowohl das Kühltruheneis als auch das Supermarkteis geteilt hätte, oder zumindest die beiden Eise per Losverfahren vergeben hätte. Dann wäre es vielleicht gar nicht so weit gekommen. So aber war alles sehr unglücklich gelaufen, ich hatte entgegen meiner Vorsätze gehandelt, die Kinder hatten nicht auf mich gehört, sie hatten sich gegenseitig geschubst und mir war klar, dass ich allein das Vorbild für sie war, und sie mein Spiegel. Mir tat das alles sehr leid und zur Versöhnung schlug ich vor, als Unterrichtsstunde zum See zu fahren und Wasserproben zu nehmen. Die Kinder wollten nichts von meinem Vorschlag wissen. »Na gut«, sagte ich, »und davor kaufen wir uns alle ein großes Eis.«

Auf dem Weg zum See trafen wir den Liebhaber, der gerade seinen Gehweg sauber machte. Wir hatten alle drei ein Eis in der Hand und sagten, dass wir auf dem Weg zum See wären.

»Setzt euch doch mal hin und lernt das Einmaleins«, hat der Liebhaber gesagt, und sicher war da was dran, aber wir hatten den Moment einfach verpasst, an dem man mit dem Einmaleins hätte anfangen können.

»Du hast einfach gar nichts verstanden«, sagte ich zum Liebhaber, der nicht wusste, wovon ich überhaupt sprach. Aber ich meinte es ernst. Jetzt war wirklich Schluss. Ich hielt mein Eis mit den Zähnen und legte den Gang ein. »Adieu«, sagte ich dann noch und ließ ihn stehen. Hoffentlich hatte er das jetzt endlich mal begriffen.

VAKUUM

Ein Vakuum ist erst mal nur die Abwesenheit von etwas. Also eigentlich ist ein Vakuum mehr so eine Vorstellung, weil es der Definition nach ja gar nicht wirklich existiert. Mit den uns zur Verfügung stehenden Mitteln ist es auch nur sehr schwer herzustellen. Man braucht dazu ein dichtes Gefäß, und aus diesem dichten Gefäß muss man dann alles, also alle Moleküle, die in dem Gefäß drin sind, herauspumpen und das Gefäß verschließen. Wenn man sich unbedingt ein Vakuum vorstellen will, muss man sich wohl eher den großen Druck der Moleküle vorstellen, die dann alle in das Vakuum hineinwollen.

Einige Menschen fürchteten, in dem Vakuum, das nach der Krise entstehen würde und schon während der Krise entstanden war, würde irgendetwas aufkeimen, das gefährlich sein könnte. Alles sollte besser wieder so werden wie davor.

DIE RUHE VOR DEM ZWEITEN STURM

Vor der zweiten Welle müsse man sich in Acht nehmen, hieß es überall. Wenn die zweite Welle ausbräche, dann überall zur gleichen Zeit und deshalb wäre sie noch viel schlimmer als die erste Welle. Wir waren uns aber noch gar nicht ganz sicher, ob die erste Welle überhaupt schon vorbei war oder noch gar so richtig ausgebrochen war. Einige sagten auch, dass die zweite Welle überhaupt keine wissenschaftlich erwiesene Bezeichnung für irgendwas sei und dass es sie deswegen auch gar nicht gäbe. Wenn, dann handelte es sich um eine Dauerwelle, die immer mal wieder hoch- und runterging oder, wenn man es ganz genau nähme, um die zweite Spitze der ersten Welle.

Im Dorf war es immer noch so ruhig wie bei der Ruhe vor dem ersten Sturm. Allerdings sollte ich vielleicht auch dazu sagen, dass die Ruhe vor dem Sturm ebenfalls überhaupt kein wissenschaftlicher Begriff ist. Möglicherweise ist es einfach nur die Beschreibung für eine meteorologische Situation.

So oder so, in vielen Teilen der Welt war der Sturm ausgeblieben und trotzdem braute sich jetzt etwas zusammen, von dem man noch nicht wusste, was es sein würde. Die Menschen, die jetzt wieder zusammensaßen, aber nirgends hindurften, nicht in die Clubs, nicht ins Sportstudio und nicht zum Fußballspiel, spürten, dass sich etwas angestaut hatte, das herauswollte. Mancherorts war die angestaute Ladung so groß, dass die Menschen einfach loszogen, um es rauszulassen. Polizisten wurden durch die Stadt getrieben, Schaufenster zerbrachen, nichts gehörte niemandem und allen alles. Da war er endlich, der Sturm, nach dem die Ruhe sich so gesehnt hatte. Zu Anfang waren es noch Proteste gegen Rassismus, gegen Arbeitslosigkeit, gegen das Eingeschlossensein, aber bald schon brauchte es keinen Grund mehr, jetzt ging es gegen alles, was schlecht war oder wehtat oder einfach so, und die Explosionen wuchsen zu einem Flächenbrand zusammen, der nur noch schwer zu kontrollieren war.

WERTE

Nach den Zusätzlichen Technischen Vertragsbedingungen und Richtlinien für Baumpflege, kurz ZTV, bedeutet Erziehung das Ergreifen von Maßnahmen an Jungbäumen, die zur Erzielung einer der vorgesehenen Funktion entsprechenden Krone des Baumes und zur Vermeidung von Fehlentwicklungen dienen. Die Fehlentwicklungen sind dabei möglichst frühzeitig zu korrigieren und am allerbesten wirkt man ihnen schon vorbeugend entgegen.

Beim Menschen meint Erziehung das Unterdrücken von Verhaltensweisen, um im Gegenzug andere zu fördern. Außer dem fundierten Wissen, welche Erziehungsmaßnahmen genau welchen Effekt hervorrufen, muss man dabei natürlich eine möglichst konkrete Vorstellung haben, wie der fertige Mensch denn einmal aussehen soll. Erziehungs- und Resultatsvorstellungen sind dabei an die Zeit oder an den Zeitgeist gebunden und einem ständigen Wandel unterworfen. Gehorsam oder Ungehorsam sind keine feststehenden Werte an sich, also nicht per se gut oder schlecht. Aber ich will mich gar nicht rausreden, meine Kinder sind ungehorsamer als die Nachbarskinder, was sehr wahrscheinlich daran liegt, dass ich weniger genau weiß, was richtig und was falsch ist. Wahrscheinlich ist es sogar so, dass die Nachbarskinder gar nicht gehorsamer sind, sondern einfach ihre Werte besser kennen. Mein Großer soll den Kleinen von drüben erzählt haben, dass er im Wald eine Hütte mit einem Gewehr gefunden hätte und sie ihnen gegen eine Gebühr zeigen wollte. Mir hat er aber gesagt, dass das nicht stimmt; also, dass er das erzählt hat. Wie soll ich mich da jetzt einmischen? Vielleicht sollte ich im nächsten Gesprächskreis einfach mal sagen, dass das Akzeptieren von Widersprüchlichkeit eine meiner Erziehungssäulen ist.

MÖGLICHKEITEN II

Es war durchaus schmerzhaft, feststellen zu müssen, dass die Anbindung an die Testzentren und Arztpraxen gar nicht gegeben war. Das hatte man zwar schon vermutet, aber irgendwie total vergessen in der ganzen Aufregung. Das Entwicklerteam um die App hatte sich, weil alles so schnell gehen musste, gar nicht mehr absprechen können, und so trafen durchaus sinnvolle Verbesserungsvorschläge ein, nur leider etwas zu spät. Also mussten die Infizierten, die ihre Infektion in ihre App eintragen wollten, jetzt bei einer Hotline anrufen, von der sie dann eine Transaktionsnummer bekamen, mit der sie ihren Code, also den identifizierbaren Code, mit dem die Telefone untereinander und mit den Testzentren und Arztpraxen eigentlich von alleine hätten kommunizieren sollen, hinterlegen konnten.

Immerhin, schon wenige Tage nach dem Inkrafttreten der App gab es den Beweis: Ein Infizierter, der auf diesem etwas umständlichen Weg seine Infizierung gemeldet hatte, wurde registriert, und tatsächlich: Am nächsten Tag hatte seine Frau die Warnung auf ihrem Telefon. Nur wie man dann die eigene Krankheitsmeldung wieder zurücknehmen konnte, war ebenfalls einer der ungeklärten Punkte. Wer einmal als infiziert gemeldet war, blieb es für immer.

WISSENSCHAFT

Obwohl ich jetzt gar kein Projekt mehr hatte, für das ich recherchieren musste, las ich immer noch weiter wissenschaftliche Artikel. Dass ich manches nicht verstand, machte mir gar nichts aus. Im Gegenteil, durch die Außensicht eröffneten sich mir ganz neue Perspektiven.

In dem Artikel einer medizinischen Fachzeitschrift, in die ich mich verirrt hatte, ging es um humanisierte Mäuse. Der Artikel war schon über zehn Jahre alt, aber das machte ja nichts. Humanisierte Mäuse sind Mäuse, die menschliche Gene in sich tragen, sodass man an ihnen mit einer Genschere gewisse Tests durchführen kann. Davor war ich auf einen Artikel gestoßen, in dem der Finanzminister erklärte, dass wir uns in einer revolutionären Ära des Bankwesens befänden, und dass man, wenn man es schlau anstellte, aus 250 Euro leicht Tausend machen konnte. Man müsse nur 250 Euro auf ein Underground-Kryptokonto einzahlen, dann würde das Geld sich dort wie von selbst vermehren, Kenntnisse von Computern oder dem Internet bräuchte man keine.

Die Schere, von der in dem Mäuseartikel die Rede war, schnitt den Virus, um den es sich handelte, einfach entzwei, also der Virus schnitt sich selbst entzwei, denn die Schere war Teil des Virus. Das neu erfundene Medikament veranlasste den Virus also zum Selbstmord, das war die sensationelle Idee, und sie hatte in der Medikamentenforschung große Hoffnungen geweckt und sogar fast den größten Medizinpreis gewonnen. Dieser Test wurde an Mäusevaginas durchgeführt, die sich besonders gut dafür eigneten. Eigentlich war alles ziemlich optimal gelaufen, aber dann war die Forschung an dem fast neu entdeckten Medikament in Phase drei abgebrochen worden. Man hatte sich einfach nicht mehr vorstellen können, wozu das eigentlich gut sein sollte. Ich bin dann wieder zurück auf die Seite mit der Krypto-Währung und habe mir das noch mal genauer angeschaut.

BUNKER

Er musste dringend mal einen Schreibblock nehmen und einen Filzstift und eine Liste anfangen, was hier unten alles fehlte. Vielleicht sollten sie sogar noch einen Stock tiefer graben? Ganz im Ernst, wenn sich herausstellte, dass seine Geschäfte zeitweise nach hier unten verlegt wurden, dann musste man schon noch ein bisschen was machen, damit man es hier auch aushielt. Er erinnerte sich an verschiedene Herrenzimmer, wo immer mal wieder irgendwelche Treffen stattgefunden hatten. Meistens ist natürlich die Bar das zentrale Element in jeder Männerhöhle, oft gehörte auch noch ein Billardtisch dazu. Schwere Möbel, Massivholz, ein bisschen Deko, vielleicht mit Jagdthemen, Geweihe und so. Er würde eher auf das Golfthema gehen, ein bisschen was Sportliches, Leichtes. Vielleicht konnte er auch den ganzen Bunker wie eine Yacht aussehen lassen. Na ja, irgendwas würde sich schon finden.

Er hatte noch nie ernsthaft daran gedacht, dass er hier tatsächlich mal für längere Zeit sein könnte, aber jetzt, da sie bis vorne ans Tor standen, hatten ihn seine Sheriffs hier runtergebracht und er hatte realisiert, dass es hier nicht mal eine Mikrowelle gab. Und die Fernsehempfänger waren noch diese großen Kästen, wo von hinten draufprojiziert wurde.

GELD II

Ich war etwas überrascht, wie kräftig meine Stimme am Telefon war. Also nicht, dass ich mir irgendwie unsicher gewesen wäre, aber sie hörte sich eben ganz anders an, als sie sich sonst anhörte. Sie kannten mich erst gar nicht, obwohl ich laut und deutlich meinen Namen gesagt hatte, und auch, dass es sich um das Zombieprojekt handelte, das ich ihnen vor zwei Wochen zugeschickt hatte. Die Frau am Telefon wusste überhaupt nicht, wovon ich sprach, und bat mich, in der Leitung zu bleiben, und dann hörte ich länger sphärische Weltmusik. Als sie sich zurückmeldete, entschuldigte sie sich, dass sie erst Rücksprache hatte halten müssen. Sie erklärte, dass es in der Zwischenzeit zu personellen Neuerungen gekommen war und meine Ansprechpartner gewechselt hätten.

»Und was ist mit dem Geld?«, fragte ich und konnte nicht glauben, dass ich das wirklich gesagt hatte, einfach so.

Sie fragte mich, wie viel denn vereinbart gewesen wäre und ob es darüber einen Vertrag gäbe. Ich sagte »10.000 Euro«, immer noch mit dieser etwas zu lauten Stimme. Man werde sich bei mir melden, sagte sie, und legte auf.

Am nächsten Tag bekam ich per E-Mail einen Vertrag geschickt. Dort stand, ich müsse alle Rechte am Stoff abgeben. Das habe ich getan und am übernächsten Tag war das Geld auf meinem Konto.

SCHUHE

Sie war genauso wieder hineingegangen wie sie herausgekommen war, barfuß durch den Hintereingang, den Gang entlang an der Technikabteilung vorbei. Nur ging sie diesmal nicht ins Studio, sondern gleich ins Büro, wo tatsächlich alle immer noch saßen, als ob nichts gewesen wäre. Die Redakteure mit den Assistentinnen und Praktikantinnen, alle saßen da und sahen sie erwartungsvoll an. Sie war ihnen keine Erklärung schuldig und sagte einfach gleich, was sie brauchte: Emotionen. Keiner konnte sich vorstellen, wie viel Emotionen jetzt wert wären. Sie hatte in der letzten Nacht am Feuer alles erkannt und wusste jetzt, was sie zu tun hatte. Sie musste eindringen in die Menschen, ganz tief hinein, und sie öffnen, vor der Kamera.

Das System war denkbar einfach: Ein, zwei Verlierer und denen gegenüber ein paar gnadenlose Experten, die maschinengleich ihre Zahlen repetierten. Damit konnte man es retten. Natürlich durften es keine eindeutigen Verlierer sein, also keine hoffnungslosen. Niemand brauchte jetzt noch Expertenwissen und politische Versprechungen. Was die Menschen jetzt brauchten, das waren Emotionen.

Den Anfang machte ein Fernsehkoch. Er war perfekt ausgesucht, ein gut gelaunter Männerkoch, der in fast jeder großen Stadt Restaurants und irgendwelche Unterfirmen hatte. Er wollte sich noch zusammenreißen, aber als sie dann noch einmal genauer nachfragte, schüttelte er schon den Kopf, so wie Menschen den Kopf schütteln, wenn sie nicht weiterreden können, weil ihnen ein Kloß im Hals die Luft abschnürt. Sie blickte auf die spitzen Lackschuhe, die jetzt wieder ihre Füße schmückten, dann setzte sie sich an die vordere Kante ihres Drehsessels, stützte die Arme auf die Oberschenkel und hielt die Karten mit den Fragen so, dass sie jederzeit draufgucken könnte. Sie durfte jetzt nicht nachgeben. Noch einen kleinen Moment. Der Fernsehkoch wollte schon aufstehen, wollte rausgehen, um sich wieder zu fassen. »Und Sie sehen einfach keine Perspektive mehr?«

Da war er, der Moment. Der Fernsehkoch konnte sich nicht mehr halten und fing an zu weinen. Die Politiker und Wissenschaftler schauten betreten zu Boden. Ganz still war es plötzlich im Studio. Die Kamera fuhr ein Stück näher an ihn heran, genau wie sie es dem Sendeleiter eingebläut hatte. Die Talkmasterin wartete noch einen Moment, zählte im Kopf langsam bis fünf, dann wandte sie sich an einen anderen Gast und stellte mit sanftem Lächeln die nächste Frage.

INVESTITION

Ich recherchierte gerade, was es mit der Crowdfundingaktion des Nachbarn auf sich hatte, als das Telefon klingelte. Ein Mann von Amazon war dran. Er war irgendwie gut gelaunt oder spielte das zumindest ziemlich gekonnt vor. Er nahm keinen Bezug auf das Zombieprojekt und als ich nachfragte, erklärte er mir, dass Zombies keiner mehr sehen wolle. Die Umfragen hätten ergeben, dass die Menschen sich jetzt mehr für Natur, Gesundheit und das Private interessierten, Do-It-Yourself und so. Er fragte mich, ob ich nicht ein Gartenkochbuch schreiben könnte oder ein Bastelbuch für Erwachsene und Kinder. Ich sagte, dass sich das für mich sehr interessant anhörte, dass ich aber gerade mit der Gefühlsbörse beschäftigt sei. Da musste er natürlich nachfragen, weil er ja keine Ahnung hatte, was das war. Da ich selbst nicht viel darüber wusste, hielt ich mich mit Auskünften lieber zurück. Im Zweifelsfall macht man die Sache damit ohnehin viel interessanter.

Nachdem wir aufgelegt hatten, studierte ich weiter die Internetseite meines Nachbarn, obwohl es da nicht viel zu sehen gab. Es war mir nicht so ganz klar, wie man die Gefühlsbörse einsetzen konnte. Auf jeden Fall konnte man in verschiedene Emotionen investieren und diese stiegen oder fielen dann im Wert. Ich hatte gar nicht den Nerv, mir das genauer anzusehen, sondern zoomte nur auf das Bild des Nachbarn, der im weißen Anzug neben seinem improvisierten

Börsen-Server im Keller saß. Ich zoomte ganz nah auf sein Gesicht, bis nur noch seine Augen auf meinem Bildschirm zu sehen waren. Im Text versprach er, dass jeder, der sich an der Crowdfundingaktion beteiligen würde, auch Gefühlsaktien im gleichen Gegenwert erhielt. Ein Analyst hatte ihm auch bestätigt, so war zu lesen, dass Gefühle stark im Wert steigen würden. Ich gab 5.000 Euro ein und drückte auf spenden. Das Lastschriftverfahren war nur noch eine Formsache.

Die restlichen 5.000 Euro legte ich auf ein Underground-Kryptokonto, wo es sich bald um ein Vielfaches vermehrt haben würde. Ich wollte nie wieder so ohne Geld dastehen.

VOGELZÄHLEN

Es haben sich so viele Teilnehmer wie noch nie zum Vögelzählen gemeldet. Über 161.000 waren es diesmal, mehr als doppelt so viele wie im letzten Jahr. Vor allem ging es darum, die Blaumeisen sorgfältig zu zählen, denn von dieser Vogelart war eine ungewöhnlich hohe Zahl in den letzten Monaten als tot gemeldet worden. Es hatte sich herausgestellt, dass ein Bakterium mit dem Namen *Suttonella ornithocola* eine schwerwiegende Lungenentzündung verursacht und zu einer Epidemie geführt hatte. Die Zählung von 1,6 Blaumeisen pro Garten konnte dann auch das Abnehmen der Blaumeisenpopulation seit dem letzten Jahr bestätigen, denn da waren es noch 2,16 Blaumeisen in jedem Garten. Das Bakterium sei für Menschen und andere Tiere ungefährlich, trotzdem sollte man beim Anfassen der toten Vogelkörper aufpassen und sich danach die Hände waschen. Die von der Coronavirus-Epidemie befallene Menschheit interessierte sich jetzt sehr für die Vorgänge in der Natur und ihrer unmittelbaren Umgebung.

Am häufigsten wurde der Haussperling erkannt, gefolgt von Amsel, Kohlmeise, Star, Feldsperling und Blaumeise. Zu selten gab es: Star, Grünfink und Zaunkönig.

Ich guckte jetzt schon seit zehn Minuten auf den Kirchturm, aber gerade jetzt, wo ich die Vögel dort zählen wollte, flog gar keiner um den Turm herum. Ich wusste ja genau, dass sie da waren, deshalb konnte ich trotzdem fünf Vögel eintragen, die beiden Milane und drei Mauersegler, von denen der Liebhaber glaubt, es wären Turmfalken.

GOLF

Heute war irgendwie alles komisch. Er war schon seit Stunden wach und hatte überhaupt keine Lust, den Fernseher einzuschalten. Er schaute einfach nur vom Fenster aus zu, wie der bedeckte Morgen sich aus der Nacht schälte. Dieser Schwarm von Vögeln vollführte wirklich tolle Formationen da draußen. Mal wurde die Menge der schwarzen Körper ganz dicht, fast schwarz, um im nächsten Moment wieder auseinanderzureißen und sich aufzuteilen. Wer hatte sich das nur ausgedacht? Er hatte ernsthaft schon daran gedacht, die Golfpartie abzusagen, so komisch war er drauf.

Gestern hatte er endlich wieder vor Leuten gesprochen, also vor vielen, einer ganzen Arena voll von Leuten. Wie gut das getan hatte, das erste Mal nach Monaten! Richtig ausgeflippt sind sie, und er auch, aber nun schmerzte ihm der ganze Körper.

Als er dann aber erst mal auf dem Grün war, war er doch froh, dass er sich in den Heli gesetzt hatte und schnell runtergeflogen war. Die Jungs waren wieder super drauf, hier konnten sie einfach so sein, wie sie waren und sich mal richtig amüsieren. Nichts davon würde den Weg ins Internet finden oder in irgendeine Scheißzeitung. Ein Joke jagte den anderen, und am Ende haben sie sich gekugelt vor Lachen. Als Highlight hatte er echt noch die Bibel mitgenommen und sie im Caddy versteckt. Archie hatte gerade als Letzter geputtet, als er sie rauszog, mit ganz ernstem Gesicht, ein paar Schritte ging und sie dann mit einer Hand hochhielt, genau wie neulich, als er sich den Weg durch die Demonstranten hatte freispritzen lassen und vor der Kirche ganz ernst das Bibelbuch vor die Kameras gehalten hatte. Das Bild war in allen Fernsehsendern zu sehen gewesen. Gut, dass ihm da nicht das Lachen rausgekommen war. Aber jetzt, hier auf dem Golfplatz, prustete er los und die anderen krümmten sich vor Lachen. Es war ein wirklich rundum gelungener Nachmittag.

CRASH

Der Mann glaubte tatsächlich, die Erde würde im gecrashten Zustand nur noch einen Zentimeter Durchmesser haben, also wenn nur noch die Atome da wären.

»Und wo ist der Rest?«

»Nirgends. Der Rest ist nichts.«

Das ist schon ein bisschen schwierig, sich vorzustellen, dass bis auf einen Zentimeter zusammengequetschter Atome alles andere nichts ist.

»Aber wie sollten die Atome jemals so zusammengecrasht werden?«, fragte ich den Mann.

»Zum Beispiel, wenn ein schwarzes Loch in der Nähe wäre oder die Erde selbst zu einem schwarzen Loch mutiert.«

Über schwarze Löcher wollte ich ganz bestimmt nicht reden. Zwei Tage vorher hatte ich tatsächlich den Mann und den Liebhaber erwischt, wie sie sich über schwarze Löcher unterhalten hatten, dabei wollte der Liebhaber eigentlich nur den Anhänger holen. Der Mann und der Liebhaber unterhielten sich jetzt immer öfter, wenn sie sich wegen etwas, das übergeben werden sollte, trafen. Soweit ich das mitbekommen hatte, ging es dabei um irgendeinen Teilchenbeschleuniger, der auch schon ein Mini-Schwarzes-Loch wäre oder sein könnte. Auf jeden Fall hat mich das total aufgeregt und ich bin zu ihnen hin und habe gesagt, wie wütend mich Männer machten, die immer nur ans Weltall und solche Dinge denken, und wie nutzlos und dämlich solche Gedanken doch sind und wie widerlich es war, wenn sie in ihrem Mondanzug schwebend in die Kamera grinsten, und dass Männer doch wirklich, wenn sie älter werden, zu absolut gar nichts mehr zu gebrauchen sind, und dafür viel zu viel Ressourcen verschwenden. Da haben der Mann und der Liebhaber blöd geguckt. Und ich bin heim und habe Holunderblütenküchlein gemacht.

Am Abend hatte ich mich schon wieder ein bisschen beruhigt, und als die Kinder im Bett waren, habe ich den Mann gefragt, was ihn eigentlich so an schwarzen Löchern interessierte.

»Weil sie ein Gegenphänomen zur normalen Materie sind«, hat er gesagt. »Also keine Antimaterie, aber eine Materie, die nicht den normalen, sondern anderen Gesetzen gehorcht. Und weil man eine Sache erst ganz verstehen kann, wenn man ihr Gegenteil auch verstanden hat.«

Ich wusste nicht, ob er da recht hatte. Und ich wusste auch nicht, ob ich wirklich noch mehr darüber wissen wollte, oder ob ich nicht besser einfach akzeptieren sollte, dass das schwarze Loch eine zu große Anziehung auf den Mann hat.

Als ich nach dem Zähneputzen zurück in unser Schlafzimmer kam, das der Mann »Salon« nennt, das aber eigentlich unsere Abstellkammer ist, habe ich ihm gesagt, dass ich mir überhaupt nicht vorstellen kann, so alt zu werden. Er guckte mich an und wusste erst mal überhaupt nicht, wie ich das meinte und wie ich da jetzt drauf gekommen war.

Ich habe ihm erklärt, dass meine Betrachtungen zum Virus ergeben haben, dass Kleinfamilien und auch Paare keine Lebensform sind, in der ich leben möchte und dass ich mir sowieso überhaupt nicht vorstellen kann, wie ich eigentlich alt werden wollte. Er sagte, ich sei doch gar keine Kleinfamilie und hätte ja sogar einen Liebhaber. Und da hatte er recht, genau genommen war ich sogar zwei Kleinfamilien. Und da konnte ich zum ersten Mal ahnen, wie anziehend schwarze Löcher sein können, und wie verlockend die Idee ist, dass nichts das schwarze Loch jemals wieder verlassen kann, nicht einmal ein Lichtstrahl.

FILMFESTIVAL II

Das Licht hier war wirklich einfach ganz besonders, selbst jetzt noch, als die Sonne schon ganz bald im Meer versinken würde. Ich war zuerst gelandet und hatte am Flughafen noch kurz gewartet, als ich ihn dann sah, wie er die Gangway herunterkam. Er war schon ein richtig toller Typ.

Er hatte sich ganz spontan gemeldet, oder hatte zumindest so getan, als ob es ganz spontan wäre, aber ich bin sicher, da hat er ein bisschen geschwindelt. Immerhin war ihm seine Aufregung deutlich anzumerken, als er sagte, dass er sich freuen würde, wenn ich ihn begleitete, zum größten und tollsten Filmfest der Welt. Bei diesem Festival, sagte er, würden nur künstlerisch sehr anspruchsvolle Filme und Weltstars von Rang gefeiert werden. Ein bisschen hatte ich noch gezögert, aber der Redakteur wusste genauso gut wie ich, dass das gespielt war, und wir mussten beide lachen am Telefon.

Auf sämtlichen Yachten waren Bars und an den Stränden überall Zelte aufgebaut, wo es leckere Häppchen und Aperitifs gab, die man sich einfach nur vom Tablett nehmen musste. Wie herrlich der Champagner die Kehle hinunterrann, hier am Strand, kurz vor Sonnenuntergang. Wir kamen von einer Pitchveranstaltung, wo wir unser Projekt vorgestellt hatten, also deswegen waren wir ja überhaupt hier, und es war, alles in allem, ziemlich gut gelaufen. So eine Pitchveranstaltung ist natürlich der Wahnsinn, in einer Halle waren über hundert Tische aufgebaut, und man hatte nur zehn Minuten, in denen man sein Gegenüber von seiner Idee überzeugen konnte. Wenn man sein Gegenüber schon in sechs Minuten überzeugt hatte, konnte man auch noch Staffel zwei und drei mit reinnehmen. Und dann ging man zum nächsten Tisch.

Jedes Mal vergingen die Minuten wie im Flug und ich würde mich im Nachhinein gar nicht mehr an jeden einzelnen Gesprächspartner erinnern können. Aber das ein oder andere Mal hat es richtig eingeschlagen.

Es war ganz natürlich, als er jetzt am Strand meine Hand nahm, es kam uns gar nicht komisch vor. Nur das goldene VIP-Armbandkettchen, das uns beiden vom Handgelenk baumelte, ließ uns beide wieder loslachen. Ich wollte ihm sagen, wie sehr ich mich die ganze Zeit danach gesehnt hatte, so mit ihm zu sein, und fast hätte ich gesagt, dass ich nur wegen ihm Vegetarierin geworden war, aber das war gar nicht nötig. Außerdem waren in diesem Moment seine Lippen schon so nah, also sie kamen ganz langsam immer näher. So langsam, dass man eigentlich noch ganz viel denken konnte, aber irgendwann muss man dann auch mal aufhören zu denken und einfach nur den Moment genießen.

Meine Mutter hatte mir eine Karaffe kalten Pfefferminztee ans Bett gestellt, ich hatte es gar nicht mitbekommen und wachte vollkommen verschwitzt auf. Ich trank gleich ein ganzes Glas in einem Zug, aber das Aufstehen, das merkte ich schon, würde mir zu mühsam sein, und ich ließ mich wieder in das Laken sinken.

EPILOG

Die Erzählerin kann sich an keinen Moment erinnern, an dem die Welt sich in einem ähnlich ungewissen Zustand befunden hätte. An einem Tag konnte man glauben, dass eigentlich alles fast noch so war, wie es immer gewesen war, oder dass es zumindest so oder so ähnlich wieder werden würde. Am nächsten Tag war dann klar, dass nichts mehr jemals wieder so sein würde. Trotzdem war immer häufiger zu hören, dass das Leben jetzt wieder weiterginge. Das war im Prinzip natürlich richtig, denn das Leben war ja schon die ganze Zeit weitergegangen, aber man wusste instinktiv, dass es diesmal nicht so einfach sein würde. Die Demontage der Gewissheiten wird der Nährboden der Utopien gewesen sein. War ihr das jetzt wirklich so eingefallen, oder hatte sie das irgendwo gelesen? Es wäre wirklich zu genial, wenn ihr das jetzt eingefallen wäre. Aber vielleicht war es auch ein bisschen dick aufgetragen, so gut wie das hier passte. Na ja, im Grunde war alles einfach ganz normal.

Kurz zögerte die Erzählerin. Sollte sie das wirklich so schreiben? Und was, wenn alles noch viel schlimmer käme? Wenn ihre Mutter stürbe, der Mann, der Liebhaber oder sogar die Kinder? Sie selbst? Sie hatte große Lust, auf dem Dachboden nach einem guten Gedicht zu suchen. Aber die Bücher waren ja wegen der Baustelle irgend woanders hingeräumt worden. Sie musste also wirklich selbst zu einem Schluss über diese höchst ungewisse Situation kommen. Immerhin hatte sie schon das ganze Buch geschrieben und eine schwere Krankheit durchgemacht. Also schrieb sie den letzten Absatz:

Der oder das Virus ist das Normalste der Welt. Genauso normal wie die Hysterie, die er auslöste, und die Angst, die der Mensch um sich und die Seinen hat. Der Aufstieg des amerikanischen Präsidenten, von dem keiner je geglaubt hätte, dass er allen Ernstes der amerikanische Präsident werden würde, war genauso normal wie sein Niedergang. Alles, was geboren wird, muss sterben, dachte die Erzählerin. Jetzt hatte sie doch das starke Bedürfnis das Gedicht zu finden, das ihr im Kopf herumschwebte, das sie aber nicht mehr richtig zusammenbrachte. Es war ein altes Gedicht und handelte davon, dass das, was einer heute aufbaut, morgen ein anderer einreißt, und dass dort, wo jetzt Städte sind, einmal eine Wiese sein wird. Leider hatte sie vergessen, von wem das Gedicht war, nur dass sie darüber in der Schule mal einen Aufsatz geschrieben hatte, wusste sie noch. Sie hätte es leicht im Internet herausfinden können, aber sie wollte jetzt kein einziges Wort mehr in dieses Suchkästchen eingeben.

INHALT

Abstand 121
Amazon 16
Amerika 29
Amerika II 45
Angst 11
Apotheke 41
Apotheke II 63
Artenvielfalt 181
Aufbruch 23
Auflösung 13
Ausnahme 90

Bäm 155
Barfuß 133
Barfuß II 167
Barfuß III 191
Bessere Welt 111
Bingo 143
Biologische Kampfstoffe 158
Bokashi 82
Bunker 200
Bushäuschen 59

Chaos 134
China 64
China II 114
Chloroquin 184
Crash 208

Desinfektion 129
Deutsche Maschinen 58
Die Ruhe vor dem Sturm 19
Die Ruhe vor dem zweiten Sturm 195
Dramaturgie 40
Dramaturgie II 154

Eis 192
Epidemie 150
Epidemie II 153
Epilog 212
Epizentrum 50
Erbgut 116
Erziehungsberechtigt 92
Experten 77

Familie 94
Filmfestival II 210
Fledermaus 11
Fledermaus II 28
Fleisch 101
Frühling 72

Gefahr 78
Gefahr II 163
Geheimnisse 49
Geld 172
Geld II 201
Genre Zombie 44
Gewohnte Welt 69

Golf 206
Googol 31

Hase 161
Helden 135
Heldenreise 21
Heldenreise II 65
Herde 115
Hilfe 61
Homeoffice 17
Homeschool 24
Homeschool II 46
Honka, Bar des Vergessens 37
Honka, Bar des Vergessens II 54
Honka, Bar des Vergessens III 70
Honka, Bar des Vergessens IV 80
Honka, Bar des Vergessens IX 142
Honka, Bar des Vergessens V 99
Honka, Bar des Vergessens VI 108
Honka, Bar des Vergessens VII 122
Honka, Bar des Vergessens VIII 130
Honka, Bar des Vergessens X 152
Honka, Bar des Vergessens XI 173

Ich und das Virus 93
Impfstoff 53
Indien 148
Indien II 159
Infektion 9
Inkonsequenz 187

Investition 204
Isolation 149

Jennifer 54

Kadaver 85
Kalkulation 182
Kern 8
Kernkeule 170
Klartext 107
Kleiner Leberegel 20
Klotz 157
Klotz II 160
Konsolidierung 74
Krankenwagen 144

Leftovers 51
Leichen 146
Leistungsgrenze 168
Licht 163
Liveticker 22
Loslassen 117

Möglichkeiten 189
Möglichkeiten II 198
Motivation 178
Müssen 136

Nachbar 119

Öl 178
Ordnung 84
Ordnung II 85
Ordnung III 185

Panik 38
Partys 43
Patient Null 12
Pest 97
Pest II 126
Planerfüllung 105
Präsident 106
Prolog 5

Quote 34

Regen 179
Ruf 61

Sauerteig 141
Schicksal 190
Schnecke 145
Schock 66
Schuhe 202
Schuld 7
Schweden 89
Sex 149
Sinn 140
Sinn II 180
Social Bashing 60

Social Distancing 26
Sondersendung 156
Staatsoberhäupter 73
Stadtflucht 96
Superspreader 15
Systemrelevant 142

Talkshow 88
Termine 176
Test 35
Therapie 128
Tiere 67
Tod 136
Tracing 103
Trost 137
Trost II 139

Ungnade 104
Unsichtbar 48
Unsichtbar II 76

Vakuum 194
Verheerungspotenzial 56
Verheerungspotenzial II 125
Versammlung 166
Versandhandel 75
Versandhandel II 113
Verschwörung 191
Versprechen 110
Verweildauer 183

Viren 6
Viren II 29
Virologen 33
Vogelzählen 205

Weigerung 95
Wert 165
Werte 196
Wissenschaft 198

Zahlen 86
Zeitformen 52
Zombies 188
Zukunft 135

Erste Auflage Berlin 2020
© 2020 MSB Matthes & Seitz Berlin
Verlagsgesellschaft mbH
Göhrener Str. 7, 10437 Berlin
info@matthes-seitz-berlin.de

Alle Rechte vorbehalten.

Umschlaggestaltung: Judith Schalansky, Berlin,
unter Verwendung einer Illustration von
Cristóbal Schmal, Berlin
Satz: Monika Grucza-Nápoles, Berlin
Druck und Bindung: Pustet, Regensburg
ISBN 978-3-7518-0006-8
www.matthes-seitz-berlin.de